华章科技
HZBOOKS | Science & Technology

我是微商3

开口就成交微演说修炼笔记

I'M A MICROBOSS 3

Deliver the Best Speech About Marketing

徐东遥 王默默 流年小筑 著

机械工业出版社
China Machine Press

图书在版编目（CIP）数据

我是微商 3：开口就成交微演说修炼笔记 / 徐东遥，王默默，流年小筑著．—北京：机械工业出版社，2016.5（2018.10 重印）

ISBN 978-7-111-54066-3

I. 我… II. ①徐… ②王… ③流… III. 网络营销 IV. F713.36

中国版本图书馆 CIP 数据核字（2016）第 130814 号

我是微商 3：开口就成交微演说修炼笔记

出版发行：机械工业出版社（北京市西城区百万庄大街 22 号　邮政编码：100037）

责任编辑：孙海亮　　责任校对：殷　虹

印　　刷：北京诚信伟业印刷有限公司　　版　　次：2018 年 10 月第 1 版第 11 次印刷

开　　本：170mm×242mm　1/16　　印　　张：14.75（含 0.5 印张彩插）

书　　号：ISBN 978-7-111-54066-3　　定　　价：59.00 元

凡购本书，如有缺页、倒页、脱页，由本社发行部调换

客服热线：（010）88379426　88361066　　投稿热线：（010）88379604

购书热线：（010）68326294　88379649　68995259　　读者信箱：hzit@hzbook.com

前言

各位微友、各位书友大家好，非常开心能够在《我是微商3》中和大家见面。

在相继出版了《我是微商：月入50万微商修炼笔记》（后边简称《微1》）、《我是微商2：21天逆天文案修炼笔记》（后边简称《微2》）之后，我身边很多朋友都说我两年走了别人5年甚至10年的路。在这个过程中，我认为对我帮助最大的就是演说，把它运用得淋漓尽致是我成功的基础。

演说让我这样一个负债累累的创业者，仅仅用了一年半的时间，不仅还清了所有外债，还实现了财务自由；让我从一个连三五个人的小团队都不会管理的失败创业者，到现在拥有万千粉丝，并且还有几百名铁杆儿粉丝协同并肩创业；让我从一个曾经起早贪黑只能做低价客户还总是被人指着鼻子指责的无名小卒，做到现在拥有大量的高端客户群体；让我从一个15年的技术"码农"，变成可以面对百人、千人甚至万人洒脱分享；让我不用开网店，也可以让"我是微商"系列书籍在天猫200多家店铺、京东30多家店、当当网、亚马逊以及全国30多个机场、50多家高铁、200多家新华书店同步销售，并且在同行业内销量领先。

正是这短短的一年半，我靠分享与演说，在微商教育界打造出一片属于自己的领地，影响了万千微商。这一切，都是演说赐予我的。在这里我要再次感谢我的导师，**中国人性营销专家黄佰胜**老师，是他教会了我演说的本领，让我能够通过演说得到自己希望得到的一切。

什么是演说？演说是心理说服的过程，先说服自己，再说服和影响身边的人。在这个过程中，自己可以不断成长和进步，大脑可以变得更加灵活。这不是我随意杜撰的，而是我的真实感受，是我两年以来成功经验的总结。下边就来和大家分享一下我走来的这一路，这也可以看成是我的一份演说稿。

2013年之前我是一个碌碌无为的创业者，自闭在办公室研究互联网，没有朋友圈，没有名气，认识我的朋友都知道我是一个做SEO网站优化的创业者。我接一些服务器托管与网站优化的活儿，个人技术水平不差，但没有多少人认同我，因为我是一个无名小卒，生活过得枯燥无味。

直到2012年年底我应邀参加了**北京推一把网络营销大会**，成为会场嘉宾，分享了我的网络营销绝活儿后，得到大家的认同，大家才记住了我的这张新面孔。**推一把创始人江礼坤先生**建议我做个人品牌，这是我2013年的第一个转折点。

当同行都在恶性竞争卖产品、卖服务，都在优化与产品、服务相关的关键词的时候，我选择了卖自己，我将自己的名字做了百度百科，并申请了微博、微信、QQ空间与博客。我优化了"徐东遥"这个关键词，一个月内我通过分享干货文章，发布个人简介实现了搜索引擎前三页霸屏，不信你搜搜。我将自己的名字"徐东遥"注册成了商标，在网络、出版物与教育领域使用。霸屏布局与垄断成功。

2013年2月，我认识了严重捷先生，加入了武汉的一个正准备成立的创业组织。创业者需要抱团取暖，我的优点很突出，短板也很多，有了其他创业者的帮助，可以弥补我的短板，让我更快成功。

2013年3月，创业失败，公司破产，欠了大量外债。在那之后我有了第一次头脑发热，第一次大额投资学习，将家里仅有的3万元拿出来继续学习我的老本行——网络营销。尽管在这之前我已经知道，这个课程中所讲的东西我已经实现了 99%，并且研究的时间也有 15 年，比这个学习班的创办者还久。但一个人的创业是辛苦的，一个人的思考是不完善的，学习课程只有一个目的：我来找一根线，把我零碎的思想和技术串联起来。事实证明，我的选择是正确的。学习完回来后我功力大增，我把自己的能力与技术重新梳理，形成了一套独有的网络营销招数，这对我以后的个人品牌建设也起了很大的作用，这是 2013 年的第二个转折点。**越是要做好一件事，就越应该深入学习。3 万元哪怕只买对自己有益的一句话，都能爆发出巨大的能量，产生巨大的收入，因为花钱才会重视，才足够珍惜。**

2013 年 4 月，我要证明自己的能力与水平，就一定要找一个适合自己的客户。曾经总是默默无闻地给人干后方的事情，总是被埋没。**感谢 5 年的好兄弟，单色舞蹈创始人王贺**，他的事业也在这一年如日中天，影响力极佳。王贺兄弟很看重我，我用了全部功力帮助他重建网站，并提出了很多建议帮助兄弟做网络营销。当然，王贺兄弟的团队很棒，执行力极佳，他的成功，带动了我在行业中的影响力。

2013 年 5 月，我被培训洗脑太深，不断地交钱、参加培训，其间虽有收获，但甚微。很幸运的是认识了我人生中的贵人——好望角商学院黄佰胜老师，我们年龄相仿，我认同他的为人与课程内容。**要加速成功的过程，只能跟着成功者，成为他的客户或者他的合作伙伴。**我学完了黄老师的所有与**人性营销**相关的课程，受益匪浅，也是在这个过程中了解到网络营销是传统营销的伤口与痛处，我给黄老师提出了各种网络营销建议，并且帮助好望角建立了微信平台营销系统，持续地为他人提供价值，得到认可与重视。黄老师在 6 月份提出与我合作，但我自知技术水平虽然过关，影响力与表现力却不过关。我决定先自我修炼！

2013 年 6 月，我不断加入各种圈子，锻炼自己的说话能力与社交能力，因为我是一个技术宅男，迈出这一步很不容易，在和互联网圈子的交流中，认识了全国很多草根网络高手，并与他们成为朋友。我还学会了很多他们的绝活儿，但这一切不是免费的。在我们圈子里有一句话：**要跟一个人成为朋友，一定要和他发生关系。发生关系很简单，就是一定要想一切办法去支持对方，为他们提供价值**。于是我看到哪个兄弟水平高，他若开论坛、搞峰会、搞收费交流会、搞付费订阅号、搞培训，我都会积极参加。事实又一次证明我是对的，参加活动，大家有说话的机会，相互认可了，朋友们会想尽一切办法回报你的付出。

2013 年 7 月到 9 月，是炼狱的 3 个月，我决定走上讲台分享我的网络营销绝活儿，3 月到 7 月，去创吧也没闲着，严重捷先生把这个圈子玩得火热，武汉市的各大媒体都对这个创业者聚集的组织争相报道。乘着 7 月 8 日飞马旅、老马天使、楚天金报入股去创吧的东风，我正式在发布会上把我的项目“去创吧学堂——网络营销落地实操培训”发布了。新项目要重新招学员，因没有人介绍，只能自己干。3 个月我上了 10 多次酒店去做销售演讲。现在回想起来，感觉当时的信念是那么强。就这样，开办了两期为期三天两夜的培训，一共招生 30 多人。感谢这两期天使粉丝的认可与支持，从此我跨界成功，**没有再在网络营销圈子里混，而是把网络营销带到了传统企业的圈子**。这 3 个月让我个人增值很大，我把自己“卖”了一遍又一遍，每一次的价格都高于上一次，慢慢地个人品牌打出来了，我也越来越值钱了。**我不用做全国第一，不用做全省第一，也不用做全武汉第一，我只用做我所在圈子中的第一**。当然，中间还有一个小小的插曲，我不会演说，也不会销售演说。7 月我向黄佰胜老师学习了销售演说，才学会了在台上通过演说销售自己和产品，很失败的是当时水平很差，在最后 PK 赛中，我连名次都没有拿到。我决定全力以赴寻找一切机会锻炼自己，争取复训时拿冠军。

2013 年 10 月，我带去创吧部分同学一起到河南参加了网络圈子的一次峰会。这次峰会是由优士圈曾钧兄弟与山上渔夫余群力兄弟举办的。事实上类似的峰会我已经听过很多次了，但我还是带学员来了。第一，让学员接触到更多的新思维；第二，要支持兄弟，多发生关系。结果不错，我们交流的“干货”更多了，学员也获益良多。**当然这次我坚持是自费的，得到的结果是，后面所有活动，我都成为免费的。**

2013年11月，不经意间我已经连续在台上讲了30多场，没有周末，因为讲课总在周末，这30多场让我吃了很多苦，受了很多罪，甚至很多场合主办方把我请过去连水都不给倒一杯，也有很多主办方利用我来完成他们的销售。但这并没有打击到我，因为我知道，**挺过来，我就成功了，挺不过来，就失败了。**人过三十已经没有多少机会再去折腾了，哪怕再艰苦，也一定要挺过来。在7月销售演说培训后的比赛中我没有拿到名次，11月我又回去复训，正是这3个月的积累，我终于拿到了销售演说的冠军。当黄老师宣布冠军得主是我的时候，一个从不哭泣的大男人当场泪流满面。3个月的“魔鬼式自我训练”终于有了结果，我对自己有了交代。

时机差不多了，我向好望角黄佰胜老师证明了我自己。我们合作了。**一夜间，我拥有了黄佰胜老师全国20家分公司、全国200多位销售人员的资源，他们开始向外推销我。我开始全国巡讲了。在巡讲的过程中我的影响力爆增，影响了很多朋友，有设计师、程序员、网络营销高手、管理者，甚至有几百人的网络营销平台负责人。**那一刻我知道了，演说可以帮助我实现所有的梦想，可以吸引我想要的任何人才。

全国巡讲的日程排得很满，一个月8场。尽管每次讲一样的主题，但我对自己的要求是每场都要讲得比上一场更生动、更能打动人、成交率更高，于是从单场成交数量5000到1万，再到3万，破10万、20万……单凭演说月收入就破10万元，感谢我的老师给我舞台和机会，在我很自责和失落的时候总用一句话来安慰我：**有结果就好。**

这就是我，一个普通得不能再普通、平凡得不能再平凡的创业者。我不断地追求进步，不断地去将一件简单的事情做到极致。为了练习演说，我甚至每天都对着手机使用荔枝FM录音软件做语音日记，每天都去录自己对生活的感悟、对微商行业的感悟、对人生的感悟，直到我又遇到一位贵人——郑清元。

清元比我年纪小，第一次见面是他来武汉拜访我。当时我只知道他在荔枝FM中听过我的电台，过来交流经验，我甚至不知道他是做什么的，只是交换了玩电台的经验，交换了电话号码。直到几个月之后他突然给我打电话，邀请我去浙江义乌，参加2015年4月11日的“世界微商大会”，作为非官方的第一位分享嘉宾，我才对清元老师刮目相看，原来清元老师是中国电子商会微商专委会教育与考试中心主任，微商界创业学院院长。

到了世界微商大会的现场，15分钟的演说时间是给我的最大福利，因为其他分享者都是10分钟。我使用演说的技巧配合实战的内容，将整个会场的互动气氛带到了高潮。我震撼了全场，同时也在大咖云集的微商圈中被众人记住，这也算是我在微商界第一次正式亮相。

在这之后好运不断，上海微商大会、横店万人微商巅峰论坛、各大品牌的新品发布会都邀请我出席，我慢慢有了另一个名称“微商大咖”，但是我更喜欢“微商教育者”这个名称。好运还没有结束，在清元的介绍下，我又相继认识了粉丝经济牛人微哥杜永光、微商品牌策划专家林大亮、百万数据库专家张胜鑫、微商渠道建设专家徐义，再加上之前认识的推一把创始人、网络营销专家江礼坤。在横店万人微商峰会总设计师凌教头的帮助下，我们七人成立了“微商七侠”兄弟联盟，旨在“分享利他，打造大咖”。

以上就是我这两年来的历程。为了能帮到更多人，把我的经验最大化分享出去，我相继出版了《微1》《微2》和现在你手中的《微3》。

有人问：徐东遥，两年写3本书，你的成功是偶然还是必然？我觉得是必然。每个人都经历过移动互联网的红利期，只不过有些人不去尝试和把握，而我却发现了。我将浑身的解数全部集中在微商教育这个领域，我每天都在说、在录音、在练习。比如你现在看到的这本书，很多人认为我可能要写很久，是的，《微 1》写了 1 年，《微 2》写了 5 个月，但这本书只需要 2 个月。因为这本书的素材都取自我每天做的事情，我只是通过 2 个月的时间去回顾并把它整理成为文字。所以，成功绝非偶然。

在这里也非常感谢一直在背后默默支持我的爱人，是她担负着家庭中很多事情，给我足够的时间思考。也感谢我那刚满 1 周岁的宝宝，他天真无邪的笑容让我觉得“人，要过得简单一点、快乐一点，要乐于分享，只有这样才会有快乐”。感谢本书联名作者**王默默（微信 3182229148）**与**流年小筑（微信 yijiyaorao）**和我一起并肩作战，完成了本书的写作。感谢**导图君姐姐（微信号 weixin524900）**为本书提供的美观而又优秀的思维导图（见本书插图）。

在这里，我将尽我所能回顾我这两年的成长历程，将我在微商从业经历中的每一次演说、每一个细节都记录下来，让这本书成为微商手中一本可落地的工具书，像《微 1》《微 2》一样，看完后读出来，就能为你的团队、你的事业带来无限价值。这正是这本书的价值和我的价值。

徐东遥（私人微信：799927）

写于武汉

目录

前言

第 1 章 微演说助你傲视微江湖 001

1.1 微商迷局：前行路上的拦路虎 001

1.1.1 进入门槛低，操作手法简单 002

1.1.2 网络信息量大，复制粘贴量大 003

1.1.3 客户距离感强，难以激发购买欲望 003

1.1.4 只会当听众，永远为上家埋单 004

1.2 微商破局：快速通往成功殿堂的微演说 004

1.2.1 异军突起快速建立个人品牌 004

1.2.2 真情分享产生信赖直接成交 005

1.2.3 独具领袖魅力建立非凡影响力 006

1.2.4 演说是团队领袖的必修课 008

1.2.5 演说具有穿越时空的能力 011

1.2.6 演说是产品招商最有效的方法 012

1.2.7 演说可以拥有极致的成就感 013

1.2.8 演说最容易改变别人的命运 014

1.2.9 极致的演说是微商成功的基石 015

第 2 章 微演说必须经历的 4 个过程 018

2.1 我敢讲 018

2.1.1 如何克服恐惧 019

2.1.2 如何不怕丢脸 026

2.1.3 如何摆脱肚子里没货的尴尬 027

2.2 我会讲 030

2.2.1 向高手借鉴经验 030

2.2.2 让语言生动有趣 031

2.2.3 语言精练不讲废话 034

2.2.4 有衬托才深刻 037

2.2.5 分享秘诀：形散神不散 038

2.3 我讲好 039

2.3.1 控制演说的节奏感 039

2.3.2 完美的开头与结尾 041

2.3.3 合理利用身体语言 042

2.3.4 有效开展自我训练 043

2.4 我收到 043

2.4.1 美好形象很重要 043

2.4.2 声情并茂深入人心 044

2.4.3 练习，练习，再练习！ 046

2.4.4 持续注入演说的动力 048

第 3 章 微演说的技巧与精妙 049

3.1 演说要有追求 049

3.1.1 必须有结果 049
3.1.2 成交要靠胆量 050
3.1.3 梦想要足够大 051
3.2 能力从何而来 051
3.2.1 被自己逼出来 051
3.2.2 被对手比出来 053
3.3 打造无懈可击的自我介绍 055
3.3.1 4 种常用的开场白 055
3.3.2 好的开始是成功的一半 059
3.3.3 将“坏”变“好” 060
3.3.4 让缺点变成“笑”话 066
3.4 演说的 2 大要素 067
3.4.1 能量 067
3.4.2 逻辑，使用一二三列表 072

第 4 章 3 步设计万能演说稿的框架 074

4.1 如何设计巧妙的开场 075
4.1.1 让听众觉得自己很优秀 075
4.1.2 故意留悬念让听众来揭秘 075
4.1.3 问简单问题让听众说是 076
4.1.4 讲一个故事让听众领悟 076
4.1.5 明确一个观点一针见血 077
4.1.6 反向思维引发听众思考 078
4.2 如何进入演说的主题 078

4.2.1 拟定反对意见解决客户抗拒 079

4.2.2 讲出产品的好处和独特卖点 080

4.2.3 不跟你合作对方将有何损失 081

4.3 如何设计演说稿的结尾 081

4.3.1 讲一个发人深省的故事 081

4.3.2 讲一段慷慨有力的名言 082

4.3.3 以一段文雅的诗词结尾 083

4.3.4 以幽默搞怪的方式结尾 083

4.3.5 提出你的诉求要求成交 084

第 5 章 做自己的导演自产自销 086

5.1 如何打造令人惊叹的个人大片 087

5.1.1 遇到什么样的人就讲什么样的故事 088

5.1.2 个人品牌塑造的维度 095

5.2 最厉害的演说都是卖梦想和使命 099

5.2.1 用宇宙思维销售梦想 100

5.2.2 感同身受才能销售使命 101

5.3 演说稿:《我们都是一颗小石头》 105

第 6 章 如何通过演说激励团队 107

6.1 团队伙伴需要什么 107

6.2 激励团队的 6 大步骤 108

6.2.1 个人 / 团队 / 公司是如何起家的 108

6.2.2 个人 / 团队 / 公司的目标及愿景 112

6.2.3 我会持续地做些什么 114

6.2.4 我可以帮你达到什么目标 123
6.2.5 你可以做些什么 124
6.2.6 分组进行比赛 124
6.3 团队裂变时需要怎么做 125
6.4 演说稿:《我是如何激励出第一批铁杆合伙人、30 分钟零售 50000 元的》 127

第 7 章 实例：如何从零开始打造一支强悍的微演说部队 134

7.1 场景一：在学员群中海选分享者 134
7.2 场景二：动员未来导师提交分享主题的演说 136
7.3 场景三：为未来导师辅导“现场分享的逻辑” 139
7.4 场景四：导师成长与赚钱计划 147
7.5 场景五：分享的细节和成交的话术 156
7.6 场景六：育儿周总动员 158
7.7 演讲稿:《东遥首次揭秘：微商北冥神功》 160

第 8 章 微商夜大毕业典礼激励演说稿 164

8.1 感谢这个伟大的时代 164
8.2 深挖把简单事情做极致 168
8.3 微商是社群经济的创始者 170

第 9 章 凌教头：微信群招商步骤全揭秘 172

9.1 微商的机遇 173
9.2 微商的 4 个定位 174
9.2.1 自我定位 175

9.2.2 模式定位 177

9.2.3 产品定位 178

9.2.4 市场营销定位 183

9.3 产品政策 184

9.4 招商“四部曲” 184

9.4.1 动销 185

9.4.2 复制 186

9.4.3 精准转化 186

9.4.4 再转化 190

第 10 章 **成交实战：微群成交全步骤详解** 192

10.1 主持铺垫——塑造分享者 192

10.2 品牌故事——用情怀创业 194

10.3 客户见证——用事实说话 196

10.4 实战招商——坚决果断自信 201

10.5 细节剖析——为什么这么做能成交 204

后 记 **贵在练习** 209

第1章 微演说助你傲视微江湖

销售是微商的生命之源，没有销售任何微商都没有发展的空间；微信群里的分享就是演说，它是助力微商实现销售的生命之线。所有成功的销售都是教育的销售，**卖产品之前，先卖观念。只有被深度认同，才能最终成交。**演说是输入观念最快的方法，是向客户传递思想最好的工具，是实现一对多批发式销售最佳的途径，是这个世界上能帮助微商引爆生命财富，让微商的影响力穿越时空、雄踞微江湖、傲视微商界的最大力量。学会演说是每个成功微商的必修课。

1.1 微商迷局：前行路上的拦路虎

发发圈，刷刷屏，就有单进，有钱收，2013 年萌芽期的微商这样挣钱；

你刚下台我登场，一大批人前赴后继涌入微商行列，趋之若鹜，甘之如饴，2014 年的微商实现了不可思议的井喷式发展；实体店铺转型，传统企业跨界，2015 年的微商花样年华，让人目不暇接；自明星，自媒体，三级分销扩散，2016 年的微商自品牌运营让无数人心旌摇曳。然而福兮祸兮，在微商看似简单、繁华、发展势头如日中天的背后，曾经的一些有利因素随着时间流逝、市场考验，逐渐变成了现在一道又一道的硬伤，这些硬伤也一步步让越来越多的微商伙伴陷入难以自拔的迷局。

1.1.1 进入门槛低，操作手法简单

2013 年萌芽，2014 年发展，2015 年已经有 2000 万微商从业者，一年有超过 2000 亿的微商市场，每天新增 3 万 ~ 6 万的创业者。微商用 2 年时间走过了传统 PC 电商 8 年走过的路，为越来越多的人提供了越来越多的就业、创业机会。无资金、无人脉、无资本，却可以因做了微商咸鱼翻身、人前显贵，这成为无数草根的逆袭脚本。但也正因进入门槛低、操作手法简单，凭借一部手机、一个微信就可以实现自己的财富梦，等等，这些原来的有利条件从某个角度变成了阻碍微商进一步发展的第一道硬伤。

越来越多的人加入微商行业的同时，面临的除了可能永远不会复制的“造梦神话”之外，更多的则是严峻的挑战：原来只是一小部分人群用手机赚钱，用微信签单，现在则是人人都会通过手机装个 APP 客户端，下载个微信；原来如何使用微信、如何引流、如何发圈、如何加人、如何群发、如何建群，是一部分先富起来的微商的致富秘籍，现在几乎人人都知道如何通过这些方法让自己赚得盆满钵满；**当秘密人尽皆知时，秘密也就不再是秘密，秘密武器的威力也就大打折扣了。**

你能做的我也能做，你会做的我也会做。一边是火焰一边是海水，微商一面憧憬着更加美好的未来，一面不得不为未来而绞尽脑汁，肉多僧少的格

局注定要被僧多肉少取代。微江湖只有这一个，我们怎么分？

1.1.2　网络信息量大，复制粘贴量大

这是一个信息爆炸的时代，也是一个信息碎片化、资讯零碎化的时代，更是一个信息被无限复制、粘贴的时代。网络信息量大、复制粘贴量大成为阻碍微商进一步发展的第二道硬伤。

在移动时代的到来加速阅读方式变革的同时，复制粘贴几乎成为一种时尚，写作者越来越难以静下心来创作文章了。微商中很多伙伴无法保护自己的原创观点、文章。因为总有那么一批人为了建立自己的影响力而不断去分享，于是在“短平快”的心态之下不惜“稳准狠”，投机取巧，东拼西凑出一篇又一篇碎片化的文章。不管对方是如何费尽脑汁构思，尽心竭力排版出来的，只要文章对自己的口味，5 分钟内就可以完成修改与转载，甚至完全不打折扣“一锅端”，践行“拿来主义”，同时自己也被别人不打折扣地践行了“拿来主义”。

你能写的我会复制，你会复制的我还会复制。微商在强调自品牌化经营的同时，一边因为网络信息量大，一不留神就会湮没于茫茫网海；一边因为文字可以被大量无限复制而与具有个性化、特色化的原创文章渐行渐远。无个性、无特色，自然“大同”。“大同”者有何让客户附之不弃的吸引力、让客户认可欣赏的影响力？微江湖只有这一个，这样下去我们和谁分？

1.1.3　客户距离感强，难以激发购买欲望

由于微商是通过移动互联网的途径进行经营，这就决定了我们不可能和每一个客户见面，不能见到人，不能面对面地沟通、交流，很多微商也不能出示如淘宝、京东、当当等一些大型成熟购物平台那样看上去很真实的客户反馈。微商与客户的距离感强、客户购买欲望不强是微商特有的经营方式所

带来的第三道硬伤。面向客户做销售如同谈恋爱，客户谈成了，就意味着意中人被你追到了，谈不成就是客户还没有完全信任你。

距离感带来不信任，不信任难以激发购买欲望。天涯何处无芳草，微江湖只有这么大，哪些芳草归我们？

1.1.4　只会当听众，永远为上家埋单

自己不开口，就永远在为别人交钱；自己不出声，就永远在为他人做嫁衣。只能当听众的心态会为自己设限，这样的设限注定你永远只能为你的上家埋单，注定成为很多微商伙伴进一步发展的第四道硬伤。

随着微商的蓬勃发展，微营销模式多渠道、广范围、全方位铺开。要想进行有效推广、招商，都离不开线上微信群、线下产品说明会两种最基本的模式。而这两种方式都是**讲者收钱，听者埋单**。

1.2　微商破局：快速通往成功殿堂的微演说

硬伤不除，微途必囧；迷局不破，微商必殇。什么才是除伤、破局的按钮？把线下成交型公众演说中的精华运用到微商的经营方式中，通过演说、分享精准破除迷局，实现微商的自我品牌构建，增强团队管理，实现微社群产品招商，快速通往成功的殿堂。

1.2.1　异军突起快速建立个人品牌

演说是一门综合艺术，它虽然不是播音，但要有播音那样的字正腔圆；它虽然不是说故事，但要有说故事那样的绘声绘色；它虽然不是朗诵，但要有朗诵那样的抑扬顿挫；它虽然不是戏曲，但要有戏曲那样的曲折冲突；它虽然不是主持，但要有主持那样的临场发挥。显而易见，一个能够进行一场

成功演说的人具有与众不同的个人特色、强大气场，并能够快速建立起个人品牌，吸引无数人追随。

微江湖，刷屏时代已经过去了，团队时代已经陷入瓶颈，2015 年微商行业出现了 30 多个大咖，你认识的不认识的，每一位都是通过演说把自己卖出去、把钱收回来的，都是通过演说建立起来魅力无穷的个人品牌。

2016 年以后更是个人影响力与平台力量相结合的时代，学会演说就能让我们在更完善的系统下无限提升自己的影响力，就会真正把握住微商的红利期。你就能像我一样，一讲完话，就有人拼命埋单，走到任何地方都会有顶级精英拼命加入你的团队，就可以一对多批发式地销售，就可以直接少奋斗 10 年。所以，我拼命地四处呐喊，在全中国每一场线下沙龙、每一场线上分享，持续地感召伙伴们一定要学会演说。演说是唯一让一个人从灵魂里、从 DNA 发生改变的一件事，是唯一让一个人在竞争重重的微江湖中快速突围，在短时间内建立个人品牌、扩大影响力的一件事。上台的机会不是别人送给你的，是自己争取而来的，舞台是自己要来的。只要你想要舞台，全世界都是你的舞台。只要你拿起话筒讲出来，你说话的价值将放大百倍，你伟大的思想将不再沉默。只要你一开口，全世界都会听你发声。

1.2.2　真情分享产生信赖直接成交

文字是可以复制粘贴的，语音却不能。一个人越有名气，他的文字就越容易被人复制粘贴，被瓜分得七零八落，变成别人的；一个人越有名气，他的语音分享越真实，越容易让人产生信赖感。

文字的亲和力与感染力是有区分的，不同人生阅历、教育背景、志向抱负的人看同样一段文字，理解、吸收的程度是不一样的，因此文字能感召到的可能只是与这段文字产生共鸣的人。语音则弥补了文字的这种缺憾，让对方感觉到你就是在对他讲话，跟他聊天，让人有一种面对面的真实感，感受到你的存在，感觉你就是生活在他现实生活中的一个实实在在的人，因此具有极强的亲和力与感染力，能够很好地活跃现场气氛、融洽关系。我的日常分享，尽量采用语音＋文字的形式，全程语音分享，过程中重点内容配合同步文字。语音拉近了分享者和伙伴们的距离，让人觉得亲近，文字便于伙伴们做笔记，好消化吸收。这样每一场分享下来，大家都会很受用。如果只有文字的话，亲和力、真实感、感染力就会削弱很多。

文字产生的震撼力因人而异，如果我们不能写出让对方产生共鸣的内容，不能深刻打动对方，对方看了文字后就很可能无动于衷，甚至丈二和尚摸不着头脑、满头雾水。演说呢，声音大一点儿，语速慢一些，语气诚恳一些、坚定一些、抑扬顿挫一些，就会显得很有激情，就能打动听众，让听众入耳即懂，入心即服；就能让人感觉到兴奋、真诚，感受到你毫不动摇的信念，感受到你内心深处那种强大的爆发力和劈山倒海的气势；就会对人产生不可抗拒的震撼力，这种震撼力能够直达听众的心灵，在产生强烈共鸣的过程中，引起人们的高度关注和深刻思考，并激发出行动起来的巨大力量；就会坚定被你成交的信心，果断做出被你成交的决定。我每次夜大最后一课分享时都会全程采用语音，特别是结尾部分一定会提高音量，语速沉稳而坚定，果断而有力，这样的分享带给人强大的震撼力，很多伙伴直接被成交，甚至创造过一场10分钟坐收30万元的业绩。

用亲和力稳住对方，让对方觉得我们真实可信；用震撼力击中对方，让对方觉得我们能量强大。有信赖才能放心成交，有震撼才能果断成交。放心了，相信了，就成交了。因此，你一定要学会演说，用演说做真情分享，用演说让别人对你产生信赖，除非你想永远做一个只被别人成交的微商。

1.2.3 独具领袖魅力建立非凡影响力

世界上任何一位超级领袖，都熟练地掌握了公众演说，都具有非凡的公众演说魅力，都是口才出众的演说家。演说，是他们释放个人魅力和才华的超级武器；演说，让他们身边汇聚了众多志同道合的伙伴。孙中山先生通过演说，结识了很多有识之士，同时也激发了很多人推翻封建统治的决心；美国总统奥巴马通过演说，宣扬治国方针，获得了很多美国人的信任，这为其最终获得大选成功奠定了坚实的基础；马云 2015 年于美国纽约时间 6 月 9 日中午（北京时间 6 月 10 日凌晨），向近千位美国商界领袖发表主题演说，阐述阿里巴巴的美国策略和全球化策略，这场演说震惊了美国商界，征服了整个美国；美国前总统小布什在大学期间就通过演说结交了各学院、各专业的朋友 3000 多人，这些朋友后来有的在政界，有的在商界，有的在娱乐界或媒体界，都为小布什竞选总统做出了很大贡献；苹果公司的伟大，除了因为乔布斯的个人才华，更是因为乔布斯激情无限的演说，将苹果的产品和文化尽情地展现在全世界消费者的面前，让全世界的消费者感受到了苹果产品的魅力……

成功的演说家都是独具领袖魅力的人，独具领袖魅力的人会有强大的影响力。成功的演说会促使听众相信你就是那个成功的人，而每个人都愿意追随成功者，渴望成功的人更愿意。所以，即使你讲得很差，下台也会有人要求合影、交流、签名，也会帮你快速找到需要你的人和你需要的人。

移动互联网时代是一个竞争激烈的时代。市场的竞争，是粉丝的竞争；粉丝的竞争，更是演说的竞争。商场如战场，粉丝为王，价值为王。谁能吸引到大量，特别是高质量的粉丝，谁就能独霸江山一隅。站在演说舞台上的人，能量会极速自动升高。精彩的演说让我们克服自己内心的障碍，摆脱紧张、恐惧、胆怯心理的同时，会让我们在最短的时间内与人沟通，达到心灵共鸣，进而影响别人、帮助别人、激励别人、说服别人，激励团队、鼓舞士气，让团队为共同的梦想而奋斗，会让我们快速突破自我，拥有超人般的自信，在声音、形象、气质、幽默感等方面独具领袖魅力，提升个人品牌价值，时刻吸引高质量的粉丝，吸引更多的合作伙伴。因此，一流的演说是微商驰骋微江湖的制胜法宝。要成为微商领袖，必须先学会演说。

会演说的微商比不会演说的微商影响力大非常多。**带一个人用心，带十个人用情，带一百个人用制度，带千军万马用“演说”**。“一言之辩重于九鼎之宝，三寸之舌强于百万之师。”人的嘴巴有两个功能：一是吃饭，二是讲话。**要想吃好饭，先要讲好话！**舌头就是一把利剑，演说比打仗更具威力。一个人能够站起来演说是他走向成功的第一步。演说是你一辈子的财富，练就一流演说水平将让你事半功倍，快速走向成功的彼岸。你可以面对多少人讲话，你的成就就有多大。人脉就是钱脉，朋友就是实力。拥有一对多的成交型公众演说和现场销讲能力，会让你独具领袖魅力，让更多的人了解你、支持你、喜欢你、追随你，使你成功立足微江湖，建立非凡影响力。

1.2.4　演说是团队领袖的必修课

成功不全靠自己，更要靠他人、靠贵人、靠团队。没有任何人可以靠一个人的力量去盖一栋大楼，没有任何人可以靠一个人的力量去赢得一场大选，也没有任何人可以靠一个人的力量去创建一个跨国集团。实现任何远大的目标和理想，除了资金之外，就是建立顶尖级的团队。

比尔·盖茨创办微软、霍华萧兹创办星巴克、牛根生创办蒙牛、史玉柱东山再起，这些著名企业的丰功伟绩，可以说都与演说脱不开关系。当你学会演说之后，就可以像他们一样组建自己的团队，招兵买马、募集资金，影响和激励他人或者巩固自己的领导地位，让有钱的人出钱、有力的人出力。

为什么很多老板个人能力超群，公司业绩却始终不上不下、无法做大？就是因为老板无法用演说的方式让他的员工明白他的战略思想和能力，无法激发员工的动力和状态。一个团队要想真正强大，除了在数量上不断扩大，更重要的是强大的凝聚力，有凝聚力才能有战斗力。身为团队的领导，不会演说，讲话鼓励性和激情不够，就会被下级视为无个性、无魅力的人，就会无形中削弱团队的凝聚力。反之，会演说的团队领导者可以瞬间提升团队战斗力，彻底激发团队潜能。

在万人迷微商特训营，我每隔一段时间都会通过演说给团队的伙伴们“打鸡血”，这些伙伴人尽其才，各自把擅长的技能发挥到极致：万人迷23期学员彭人将军线下人脉广、经验足，擅长策划，我在武汉的线下活动都由他统筹安排，“万人迷第一经纪人”的名号他当之无愧；21期学员璐少组织能力强，担任万人迷教导处主任，负责万人迷导师团的招募、培训，并把他们输送至各大品牌团队为其进行培训；8期学员黄子宸擅长执行，是万人迷社群辅导员、助理，负责万人迷系列社群运营、学员招募、学员辅导答疑，协助老师上课、布置作业、辅导作业等；1期学员雨柔擅长一对一沟通，把万人迷的学员咨询工作安排得妥妥当当；1期学员振亭擅长公众号运营，把微商万人迷的公众号运营得有声有色；3期学员小闹擅长“刷脸”，把万人迷的几个总群管理得井然有序；万人迷作家团的程子人称“大掌柜”，作家团的两个群都由她一手打理，既团结紧张、学习氛围浓厚，又严肃活泼、充满友爱大家庭的温暖；裘丽琴有耐心，日常辅导、作家团每期毕业典礼都由她协调小伙伴们策划执行；王怀霞对写作情有独钟，作家团的通讯稿都由她一手组织撰写；范丽娟景观设计出身，作家团的海报由她负责；徐肖丽心细如发，协助处理日常资料收集整理、笔记工作……

万人迷几个子项目组的核心领导者，互相之间协调配合，从而让万人迷整体发展得越来越快、越来越完善。

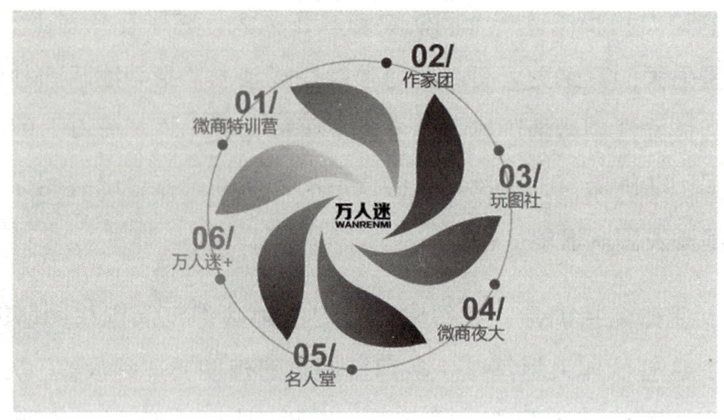

除了这些各负其责、各尽其职、术业专攻的安排，我几乎每天都会在万人迷千年学府总群里以演说的形式“遥言获众”，使万人迷几乎每天都在诞生新的演说家。万人迷里每天都有伙伴自组织进行分享，每一位伙伴的分享都是一场微型演说，每一场微型演说都会让大家收获到不同领域的知识，既有微商们关心的相关知识体系的分享，也有传统企业向微营销转型的实际案例，还有两性关系、亲子教育、养生保健等，就分享内容来看，早已超越了狭义的微营销的范畴。分享的过程就是团队凝聚力加强的过程，就是不断吸纳新鲜血液融入的过程，因此，万人迷越来越强大。

这个时代，不仅仅微商之间的竞争，**任何行业的竞争，都是人才数量的竞争**。谁能在最短的时间内吸引最多的人才，谁就是市场上最大的赢家。假设每吸引一名人才，能替你每个月多创造 5 万元的盈利。通过演说，每个月吸引 5 名人才加入你的团队，那么每年就可以为你多创造 1900 多万元的盈利，10 年就变成了十几个亿。因此，**学会演说，不但是建立领袖魅力的主要基石，也是你能学到的所有技能中最能吸引人才、激励团队的方法。**把一个人的梦想放大成所有人的梦想，当所有人为了一个梦想而共同奋斗时，这个团队的战斗力将无人可敌、无坚不摧。你带多大的团队，就决定你能对多少人讲话。刘邦有汉初三杰，刘备有五虎七将和诸葛亮，马云有十八罗汉，牛根生有四大金刚，你的团队又有谁呢？

1.2.5　演说具有穿越时空的能力

成功的演说一定是最有影响力的声音。成功的演说是用生命在呐喊，用灵魂在感召，具有穿越时空的能力，会盘旋在对方内心，让人荡气回肠、余音绕梁、久久不绝。

无论是经过深思熟虑写成的演说稿，还是慷慨激昂的即兴演说，背后都有数年甚至数十年的口才训练和文化积淀。演说是一种机智幽默、激励人心的艺术，它把社会文化、道德伦理、政治军事等有机地融合在一起，把语言的美与生活的真如艺术般完美而巧妙地结合。一次引人入胜的演说，往往能给人们带来心灵的享受和情感的震撼，能激发你的力量、开启你的心灵、点亮你的未来，感染成千上万的人；一次振聋发聩的演说，也许能成为你人生的灯塔，给你一路向前的勇气，能让你追随强者，走出迷茫；名家演说，不仅风靡当时，且对后世也有深远影响，甚至能对人类的历史、世界的发展产生深远的影响。

中国古代的苏秦、张仪二人辩才天下纵横，即使现在，也不得不感叹二人是千年不遇的良才；迄今为止，马丁・路德的演说仍激励我们感同身受地站在对方（客户）的角度去考虑问题，引起对方（客户）的共鸣。

4000 多年前，古埃及的法老就认为演说比打仗更有威力。在古代希腊、罗马，演说是社会政治斗争的重要武器，产生过希腊的伊索克拉底、苏格拉底、亚里士多德，罗马的昆体良、西塞罗等一大批演说家，还办了“演讲学校”。在我国古代，演说也曾经辉煌。所谓“左史记言”《尚书》中就有不少演说名篇。《国语》《战国策》中之言，颇与古希腊之演说词相似，亦熔政治、历史、文学及雄辩术于一炉者也。《论语》其实是孔子向三千弟子传授知识时的演说精华。

我本不擅长文字，但我将自己演说现场的声音转成文字，就形成了一篇篇令人兴奋的演说稿，我的演说视频、音频不断地在互联网上流传，我的书籍不断地在流传，不但影响着一批又一批的万人迷学员，也影响着所有直接或间接接触过我的人。

你有天大的才能，但是却无法用演说向别人表达出来，你的才能终将是一个无法孵化的茧，无法蜕变出美丽的蝴蝶；你学会演说，通过演说让人了解自己的意见，认可自己的方案，欣赏和仰慕自己的观点，你就能借助演说让自己的思想穿越时空，甚至产生“蝴蝶效应”，让更多的微商人因你受益无穷。

1.2.6 演说是产品招商最有效的方法

影响力决定成就，说服力等于财富。演说就等于放大销售。演说是成交的最高境界：无论是推销产品、推广理念、吸引人才、募集资金、建立知名度，还是获得他人的尊重和认可，演说都是最快、最好、最有效的方法。

即便是顶尖的销售人员，若是一对一地面谈，成交率也只有 50% 左右。假设你销售一套价值 10 万元的产品，可以领 10% 的佣金，也就是 1 万元。一次只谈一个客户，需要花费 2 ~ 3 小时，如果能同时面对 100 多人，做公众演说式的销售，按 10% ~ 30% 的成交率，也会有 10 ~ 30 人向你购买。同样是 2 小时，却可以创造 10 万 ~ 30 万元的收入。你的收入可以提高 10 倍以上。

所有微商的终极结果都必须是成交，成交型演说的核心就是成交，上台一切事，只为一件事，即成交。真正的高手从上台的第一句话起，都在潜移默化地成交，从头卖到尾。从头到尾都是只有一个人在讲，其他人都是听众。你拿着话筒就是权力核心，你说的就是标准，你讲了事业机会就一定有人花钱来买。

演说是微商产品招商最有效的方法。大多数人完成的都是线上的小单，微商最大团队、代理的招商全是在线下通过产品说明会现场完成的。线下的演说才是一个人打造出来的全面进攻，真正的兵不血刃、攻城略地。

1.2.7　演说可以拥有极致的成就感

马斯洛理论把需求分成生理需求、安全需求、社会需求、尊重需求和自我实现需求五类，依次由较低层次到较高层次排列。

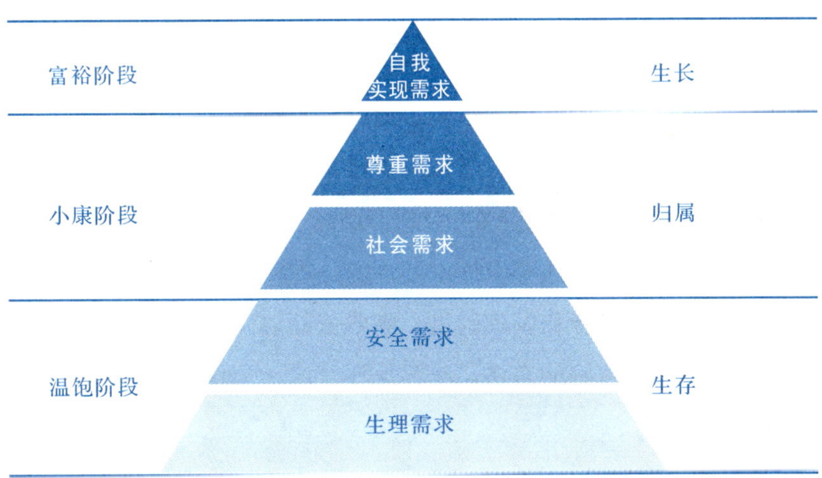

从马斯洛理论对人类需求的划分层次来看，演说是世界上唯一能够实现所有层次需要的工作方式或者生存方式，特别是被尊重，自我实现、自我超越带来的被人仰慕、要求合影、奉送鲜花、热情的经久不息的掌声、签名拥抱等极致的成就感，演说家能全部拥有。

首先，演说能最大限度地满足演说者本人的尊重需求。演说者满怀信心地演说，同时受到别人的尊重、信赖和高度评价，其尊重需求得到满足，能使人对自己充满信心，对社会满腔热情，体验到自己的价值。

其次，演说者本人需要不断提升自己的演说能力，为此就要一次次努力挖掘并实现自己的潜力，使自己逐步成为自己所期望的人物，这就给演说者带来超乎寻常的价值体验。

在微江湖，一个微商要想众所周知，并获得大众的认可、尊重、欣赏，必须让自己成为一个会发言、会演说的人——你若不发言，没有人替你出声。只有出声了，才能在众多竞争者中脱颖而出；只有分享了，才能在众人中获得认可；只有经过了极致的演说训练，才能拥有极致的成就感。

1.2.8 演说最容易改变别人的命运

演说不仅可以改变自己，还可以改变别人的命运。

播种一种观念就能收获一种行为，播种一种行为就能收获一种习惯，播种一种习惯就能收获一种性格，播种一种性格就能收获一种命运。中国近代女革命家秋瑾认为“要想改变人的思想和观念，非演讲不可”。而《周易·系辞上》这本书中是这样描述演说的重要性的：**“鼓天下之动者，存乎辞。”**也就是说，要推动社会进步和国家前进，需要依靠演说的力量，演说是使一个人发生翻天覆地变化最好的方法。**演说是唯一让一个人从灵魂、从 DNA 发生改变的一件事。**

穷则独善其身，达则兼济天下。每个人都有一颗向善的心，如果我们能拥有更多的钱，就能够帮助更多的人、做更多的事。但是，无论是铺路、修桥、赈灾义演还是给贫困地区的希望工程捐款，都需要更多的钱。就连创业也至少需要 18 个月的资金开销来维持资金链，使公司正常运转。做善事，要帮助更多的人，只靠一个人的力量远远不够，要成立基金会，这就需要大众或有钱人募捐。通过公众演说，能够得到比你预期更多的捐款。特里萨修女就是用公众演说感动全世界，为国际红十字会募捐到了几十亿美元的善款。

我则不断地通过演说改变着身边伙伴的命运：

万人迷里有个叫妮娜的伙伴，她自幼失聪，只能靠语音转换文字学习。当我得知她的情况后，就发表了一段有针对性的激励演说，并在朋友圈给她做了

推荐，这些可能在别人看来无关紧要的动作，深深打动了妮娜，让她开始变得豁达开朗起来。后来她还报名参加了万人迷微商导师团，并最终被评选为亚洲十大优秀微商导师之一，用她自己的话说，这在以前根本是不可能的。

万人迷的大师姐，广东中山市的小麦姐，学习演说之前毫无个人魅力可言，学会演说之后的她在当地由她自己一手邀约组织的线下沙龙中一次比一次绽放出无尽的光彩，链接到无数高质量的人脉资源，成为女神一般的人物。

万人迷同学，90 后的熊一鸣，学会演说之前的他月入 800 元，内向、不爱讲话，一说话就脸红心跳，连 3 个人的团队管理起来都吃力，学会演说之后的他，可以站在百人甚至千人的微信群里做分享，在短短几个月中让自己的团队迅速裂变为千人大团队，全国的粉丝超过 2 万，一下子变成了人人仰慕的高富帅，连他的粉丝都觉得不可思议。

……

万人迷一个又一个因演说而改变自己更改变他人的故事仍在继续。如果你做，照样也可以。在让自己得到质的提升的同时，也去改变别人甚至无数人的命运。没有目标的人为有目标的人服务，目标小的人为目标大的人做事。比尔·盖茨影响了全球所有会电脑的人，奥巴马影响了全世界 72 亿人。人在天地间，行走微江湖，必须请命，必须发愿，助人者自助，你能帮助多少人就有多少人帮助你，你能影响多少人就有多大成就。让我们肩负一种使命感，去改变更多人的命运，点亮更多人的生命，一起迈向不一样的未来！

1.2.9　极致的演说是微商成功的基石

演说可以创造财富、增加快乐。直销公司、寿险行业，只要把创业说明会做好，就会有无数的业绩。凡是擅长做创业说明会的一定都是出色的演说家。演说让他们做事必有结果，开口必有成交，保证凝聚力非常高、非常有效率。

在过去的 3 年里，通过演说，我结交了比我成功的凌教头，结交了郑清元，结交了王易……结交了各行各业的成功人士，过去两年听过我演说的超过 20 万人，而听过我演说改变了人生目标的人更是数不胜数。如果说我不会演说，靠一对一的沟通，要让 20 多万人认识我，要花 20 多万个小时。如果一天 10 个小时都用来介绍自己，也要花 55 年，而这 55 年仅仅是刚让别人认识我，知道我是谁，这是多么可悲的事！所以学会演说不仅仅可以倍增财富、增加快乐，还能够节缩时间、倍增生命。

你渴望在你未来的日子里让自己的业绩提高 10 倍、100 倍吗?

你渴望自己成为舞台上的超级巨星，只要把话讲出来，就有人疯狂地购买吗?

你渴望通过你的努力带你最爱的家人去环游世界吗?

你渴望成为你家族的标杆、榜样吗?

你渴望成为千万人的团队领袖吗?

演说是微商脱颖而出的捷径，也是成功人士影响他人的必备本事。如果你的人生当中也有机会掌握这项史上最厉害的本事，你就可以做到这所有的一切，就有可能彻底地让你的生命发生这样精彩绝伦、不可思议、魔术般、翻天覆地的改变。

演说这么重要，我们要不要学会呢？是将来要还是现在要呢？是现在要还是马上要呢?

本章的内容，本质上就是一篇说服力演说稿，我们可以照着读，去激励自己的团队学习演说，让团队永远激情高涨。我不希望你认为这本书写得有多好，而是希望因这本书让你认识到演说的价值和重要性。说话，是我们与生俱来的能力，如果说话都能产生如此巨大的价值，你有什么理由不去勇敢地尝试一下呢？人的成长过程中，演说是一门必修课，除非这个人真的是碌碌无为地过了一辈子，永远达不到这个成长的阶段。演说的价值就介绍到这里，本书——《我是微商 3》是我将自己两年全面学习、领悟和实践的演说浓缩成专为移动互联网创业设计的精华版本，我们不需要表现得过于夸张，也不需要太多人员的配合，甚至不需要烦琐的流程设计，所以我们把本书定位为“微演说”，希望能够帮助每位愿意在移动互联网创业的小伙伴，通过演说这种分享形式快速通往成功的殿堂。

投资演说就是投资未来。演说是微商收钱、收人、收心的核心利器，是宇宙赋予人类最慷慨的魔力，是你这辈子一定要学会的一项本事。演说的力量万夫莫敌，它比任何东西都有能力来统治这个世界。下一章开始，就让我们一起走进演说的世界，看看微商到底怎么学演说。合理的是训练，不合理的是磨炼。当你能飞的时候永远不要在土里刨食吃。从现在开始，就请告诉自己：**我是微商史上最伟大的演说家！**

绝活儿，从下一章正式开始！

第2章

微演说必须经历的 4 个过程

我（王默默）的老师徐东遥的“60 秒成交术”在微商界响彻云霄，它能够瞬间牢牢地抓住听众的心，其中最重要的法门就是一定要用语音去成交，这也说明了声音在任何时候都是协助成交最有效的武器，因为你的力度、你的气质、你的语言魅力永远没有办法被复制。**出色的演说是每位微商通往成功殿堂的核武器。**每个人在学习演说的过程中都会经历以下 4 个过程。

2.1 我敢讲

演说的魅力从古至今无法被跨越，所以要做好微商，一定要学会演说。但是这一切的大前提必须是你敢讲，如果不敢讲，那么一切都无济于事，大多数人不敢讲有以下 3 个因素：恐惧、怕丢脸和肚子里没货。本节内容将与你分享如何冲破云霄、勇敢地迈出演说的第一步。

2.1.1　如何克服恐惧

内心的恐惧，是演说前行的第一拦路虎。我的老师徐东遥这样诠释内心恐惧的原因：“你讲的次数太少了。”

你完全可以做一下内容的准备，当你要分享的时候就要坚信，你完全可以不鸣则已，一鸣惊人。慢慢地静下心来，然后深呼吸一下，一定要记住，**敢分享的就是高手，要有强大的自信，去勇敢地走出演说的第一步，**把微信群里的听众想象成你的亲人，就像和家人谈话一般，无须拘谨。想象你有无上的能力，你可以一呼百应、随心所欲。你可以问听众，你帅不帅、美不美，想象当大家给予你肯定的回答以及持续的互动时，你是什么感受。其实这也就是张开嘴巴说与闭上嘴巴不说的微小差异。

只要敢讲你就是专家，你就可以非常自信。当众讲话并没有什么可怕的，只要在大脑里建立强大的信念，勇敢地张开嘴，时时分享，天天分享，月月分享，年年分享，分享多了就不怕了。

我（王默默）在高中阶段曾报名参加一次学生会竞选，当时非常重视这次竞选，所以每天把演讲稿练习很多遍，夸张一点儿地说，我可以倒背如流了。就这样，我非常认真地准备着，本来以为完全可以应对自如了，但是当我登上讲台的那一刻，我却紧张得不行，腿不停地抖动，手也不停地冒冷汗，可以说，当时我的紧张感彻底爆掉了，我在台上的前 30 秒是保持沉默的，这是自我从演讲开始，除了特意安排，从未有过的迟钝。虽然我不断地克服自己的情绪，但是还是因为紧张忘掉了一段话，不过主要演讲部分还算进行下来了。我当时以为自己表现得非常糟糕，心情因此变得不太愉快。但是结果却完全出乎意料，我演讲结束的那一刻，迎来了满场非常热烈的掌声，并且夺得魁首。下台之后，一位学传媒的学生问我为什么可以如此自信。我反问道："你难道没有看出我很紧张吗？"他非常之肯定地告诉我，丝毫没有。在那一刻我瞬间顿悟了，即使我的紧张感超过平常，只要我懂得稍加控制，尽量平复自己的内心，观众就不一定能够看得出来，所以从此以后，我在这方面变得更加自信了。当然，如今我能够在台上应对自如，是因为我有较多的登台经验，并且受过较长一段时间的专业性演说培训。**所以你要想克服恐惧，必须给自己足够的登台展示机会。**

下面看一下我的老师徐东遥是如何用上凳子这一神举来克服恐惧的。

我的老师徐东遥时常在各种场合分享，我问他："老师，你已经身经百战了，是不是一点儿都不会紧张？"他回答我："说自己不紧张，那是假的，但这种感觉几分钟之内就会消失，因为**分享是享受的过程。**"

他为我分享了他经常用来克服恐惧的方法，非常有意思："我有一次被邀约参加一个万人分享嘉年华的活动，当时这座城市有接近 20 个分会场，第一天上午有几个分会场和主会场同时启动，大家都到主会场了，我被安排在分会场第一个分享，时间是 9:00—10:00。众所周知，走秀活动并不是正式的培训课程，大多数人不会准时到场，但分享者必须准时，不能影响后面分享者的时间，我 8:00 就到了会场。因为我有一个习惯，**永远提前和舞台'培养感情'**，有时候我会提前一天到达分享会场去'踩点'。即使我到分享的城市很晚，也会在凌晨主办方搭建会场时走进会场，站上讲台'培养感情'。当时 8:00，分会场无人，8:30 工作人员到了，9:00 来了三五个人，惯例要延时 30 分钟，到 9:30 一定要上台分享了。这时候，号称有 200 人的分会场仅仅来了 10 个人，其中 3 个人是工作人员，讲还是不讲？当然要讲，如果是你，是不是会很紧张？其实当时我也很紧张，但硬着头皮也要上啊，而且不能让观众感觉到我紧张，怎么办？我的第一行动就是：融入。**融入到观众席中和大家成为一伙人，从一个分享者变成一个交流者。**我走下讲台，从第一排拿了一张凳子，掉过头来放到了这 10 个人的中间，做了一个令全场惊叹的动作：站上椅子为大家做分享。恐惧来时，只能用自己的状态把它吓走。果真，这时，台下的眼神从冷漠变得热情，从冷冰冰的环境中传来了阵阵喝彩声和掌声，于是我就用交流的方式来进行分享，把自己讲变成了沟通，解决大家的问题，把知识结合到案例和辅导中，就这样度过了这段原本会很尴尬的时间。人慢慢越来越多了，场面越来越暖和了。这已经变成了我的招牌菜，遇到人少、冷场时，我就使用这一招：搬凳子，放到观众中间，站上去，分享，迅速拉近与听众的距离。”

对于你来说，可能没有那么多的登台经验，甚至有些小伙伴都一直不敢当众讲话。你可能会为即将到来的演说感到害怕，即使是在小小的微信群中，你都会感到十分紧张，这完全可以理解，因为几乎所有人都会有一定程度的演说紧张。但是要想成为微商中的明星，就需要胆量，有胆量去分享，摒弃你的胆怯和懦弱，把你想要传达的主要内容传达清楚，这样才能让别人有机会认同你的价值。如果你自己由于紧张连最基本的意思都没有表达清楚，那结果可想而知，根本没人会去听。所以，只有学会克服自己的恐惧，才能在社群分享中表现出最优秀、最自信的自己，才能成为真正的明星，吸引别人。

每个人都不是天生有胆量，迈出第一步总是比较艰难，我们只能不断地磨炼，从中获取经验，不断突破，掌握技巧，最终赢得所有人的赞赏。每一个成功的销售人员，都是不断地在失败中总结，在实践中进步，最终走向成功的，微商更是如此。如果你在社群中演说，做分享，那就大胆讲！一回生，二回熟，熟能生巧，人处于一个新环境的时候，尤其是想表现自己的时候，胆怯非常正常，只要我们克服了它，就能很快成功。

除了以上讲的，还有以下几个基本的小技巧分享给大家。

1. 精心投入试练

每一次做分享时，无论是在微信群中还是在 YY 上，特别是在线下，当我们准备分享一个课件时，要先反复练习，长时间的试练才能够让你在演说中显得更加轻松自然。要想有一次出色、精彩的演说，精心排练是必然条件。**一次成功的演讲永远不可能靠侥幸、靠技巧，更多的时候靠的就是精心细致的准备工作。**每一次排练你都会发现哪里可以做得更好，哪里需要改进，直到自己满意为止，这比你在正式的演说中手足无措、无地自容要来得轻松得多，而且在不断的试练过程中，你的信心会大大增强。当一切要点都练过了，包括你的肢体语言，这个时候，你就没有理由不自信了。不要临时抱佛脚，对于一个好的演说者来说，练习非常重要，乔布斯对从口袋里拿出手机的这个动作都会照着镜子练习几个小时。有的人可能会问，我要怎么去试练呢？这很简单，你可以找你的家人、朋友、同事、同学等，陪着你试练。如果有条件的话，可以直接到演说现场试练，这就再好不过了，你可以大声地、毫无忌惮地、豪放地进行演说，不断地去优化你的表情、节奏和声调，以及目光上的交流。一个好的排练会瞬间倍增你的信心，**精心的排练是我们呈现出最精彩的分享的终极保障。**

2. 换个角度对待

我们不要把分享当作在表现自己，不要认为你不能有一点瑕疵，或者一定要表现出一个完美的自己。我们要换个角度，把你的演说当作在跟你的听众聊天，帮助他们从不同的角度提升自己，或者你自己可以设定一个主题，与朋友自由地探讨，最后再去演说。你只要明白一件事情，你需要怎样去做才能让别人更好地接收自己传达的信息，而不是表现自己。当你学会从这个角度转化的时候，演说就会变得更加轻松自然，你也会不自觉地卸下心中的包袱。

微商，面对一部手机就像面对 10 000 人。

东遥老师经常跟我说，有太多微商朋友问他自己不敢面对那么多人讲，怎么办？他的回答很智慧：**讲了就讲了，面对了就面对了，办了就办了。**他时常跟我们举这样一个例子：尽管很多人胆小不敢讲，但多数人打电话聊天时就成了话唠，因为他只“面对”了一个人，那么这时，电话另一边的人如果偷偷使用了免提功能，让他身边几个人听到了呢？你已经变成了一对多的演说。只是你不知道对面有多少人，你就不会紧张。同样，我们在微信群中分享，即使面对一个群几百人，你也可以把它理解成只面对一部手机，像打电话聊天一样轻松。这样，你就能够培养一种感觉，**即使面对百人、千人，甚至万人，我也把你们当成一个人。**反过来，我对一个人聊天分享时，我也要像对待百人、千人和万人那样认真，我的分享将会非常真实、严谨、有价值。不是吗？电视演员在拍戏时仅仅面对的是导演组和一部摄像机，但电视放映时，他却面对了成千上万的观众。如果转换一个角度看问题，一切都会很简单。

3. 重新认知恐惧

重新认知恐惧就是就演说者本身进行潜意识的自我沟通，是为了能够把自己认为演说时会出现的问题，把消极的、恐惧的情绪通过自己的方式变成积极的自我沟通，你可以把问题列在一张纸上，然后一点一点去分析，这些恐惧真的是必要的吗？想一下自我的积极陈述，去替代这些消极的思想，站在听众的角度去做好分析，这些自己认为的恐惧别人真的会在意吗？然后反复把这些积极的陈述在生活中练习，反复在心里念叨，不久之后，你会发现自己变得很自信了！

下面看一下著名演说家俞敏洪是如何认知恐惧的。

节选自 2014 年 11 月 1 日俞敏洪（教育家、演说家、新东方创始人）在北京卫视真人秀《我是演说家》的演说内容。

摆脱恐惧

其实站在这么一个（我是演说家）舞台上，我们很多同学都会羡慕，也会想，要是我去讲也许会讲得比他更好，但是他不管面对失败还是最后的成功，却已经站在了舞台上。而你依然是个旁观者，这里面的核心元素，**不是因为你能不能演讲，不是因为你有没有演讲才能，而是你不敢站在这个舞台上。我们一生有多少事情，是因为我们不敢所以没有去做的？**

在大学四年里我为什么没有谈恋爱呢？我首先就把自己给看扁了，我在想我要去追一个女生，这个女生就会说："你这头猪，你居然敢追我？真是癞蛤蟆想吃天鹅肉！"要真出现这样的情况，我除了上吊和挖个地洞跳进去，我还能干什么呢？所以这种害怕阻挡了我本来应该在大学发生的各种美好……其实现在想来，这是一件多么可笑的事情，你怎么知道就没有喜欢猪的女生呢？就算你被女生拒绝掉了，那又怎么样呢？这个世界，难道就会因为这样一件事情就改变了吗？那种把自己看得太高的人，我们会说他狂妄，但是呢，一个自卑的人，一定比一个狂妄的人还要更加的糟糕！因为狂妄的人也许还能抓住他生活中本来不是他的机会，但是**自卑的人永远会失去本来就应该是属于他的机会**，因为自卑所以你就会害怕，你害怕失败，你怕别人的眼光，你会觉得周围的人全是抱着讽刺、打击、侮辱你的眼神在看你，因此你不敢去做，所以你用本来不应该贬低自己的一个元素在贬低自己，当你失去了勇气的时候，这个世界上所有的门都被关上了。

我刚开始内心充满了恐惧……（创办新东方英语培训）

逐渐我就意识到了，**这个世界上，只有你克服了恐惧和别人的眼光，你才能成长**。也正是有了这样慢慢不断增加的勇气，我有了自己的事业，有了自己的生活，有了自己的未来……

一个人的优秀，并不是因为你考上了北大就优秀了，并不是因为你上了哈佛以后就优秀了，也并不会因为你的长相显得更好看而优秀，一个人真正优秀的特质，来自内心想要变得更加优秀的那种强烈的渴望和对生命追求的那种火热激情！马云身上这两条全部存在。如果说在我们那个时候，马云能成功，李彦宏能成功，马化腾能成功，俞敏洪能成功，我们这些人都是来自普通家庭。今天的你，拥有的资源和信息，比我们那个时候要丰富一百倍，你没有理由不成功。当我们有勇气跨出第一步的时候，首先要克服我们内心的恐惧，因为这个世界上你往前走的脚步，只有你自己能够听见。所以我希望同学们，能够认真地想一下，我内心中自己现在拥有什么样的恐惧，我内心现在拥有什么样的害怕，我是不是太在意别人的眼光，因为所有这些东西，我的生命质量是不是受到影响；因为所有这些东西，所以我不敢迈出我生命的第一步，以至于我生命之路再也走不远，如果是这样的话，请同学们勇敢地对你们的恐惧和勇敢地对别人的眼神，说一声"No"，because I am myself（因为我是我自己）！谢谢大家！

俞敏洪关于恐惧的诠释，相信你看过了之后会有不少的顿悟。记住，**你就是你自己，没有人能够模仿，更没有人能够超越，只要你做了，你就是最棒的、无法比拟的。**

4. 不要妄自菲薄

很多小伙伴还没有开始，就在心里不断地暗示自己不行，甚至有人跟我说在她面对比自己优秀的人时会自卑，还没去做就觉得自己不行。你要时刻相信你的能力比你想象的自己强大太多，大家可以去观察一下，你去听分享的时候，哪怕你觉得分享者讲得不好，有人跟你一样，也认为他分享得不好，但是总有人为他鼓掌！相信自己的时候最容易表现出最佳状态的自己，自己都不相信自己你又期望谁来相信你呢？

5. 虚心接受建议

我是一个喜欢问听众感受的人，我经常去问我的听众我哪里做得不好。他们可能会告诉我语速快、声音小等一些问题，而且他们还会出乎意料地告诉我，我哪里做得非常棒。我下次分享的时候就会注意不足的地方。古诗云：不识庐山真面目，只缘身在此山中。非常对，听众就是你照出所有不足的最明亮的镜子。这样的沟通之后，你会发现自己一次比一次优秀！

2.1.2 如何不怕丢脸

很多小伙伴这样讲，这么多人，我要是讲不好得多丢人啊，我不讲，我怕丢脸。东遥老师讲过这样的一句话可谓是经典中的经典，他对“丢脸”二字这样讲：**“怕丢脸，你一辈子没人赏脸；不怕丢脸，就算把脸丢光了，当没脸丢了，所有人都会给你脸。”**听过之后，我一直把这句话当作给自己的警示。以前的我虽然在演说方面相对自信，但是在很多方面非常腼腆，因为东遥老师的这样一句话，我改变了很多，我经常跟自己这样讲：“默默，在青春路上的你需要有更多的付出、更多的勇气，几十年的光阴，你需要让自己活得更精彩一点！”所以我非常庆幸能够在我如此年轻的生命里遇见东遥老师，他带给了年轻的我很多用金钱没有办法衡量的东西，更加感谢东遥老师能够允许我在《我是微商 3》这本书中去跟那么多未曾谋面的微商小伙伴分享我的演说经验，真心感到荣幸至极。如果能够帮助更多的微商小伙伴，那么这种内心的感动真的是无法言表。所以现在，我非常热爱丢脸，喜欢丢脸，当我把脸丢光了，就没脸可丢了，相信那时候一定有人赏脸。一个人最大的成就就是耻辱过，一个人没有丢过脸就不可能拥有真正的荣誉。关于丢脸这件事，很多人一生只有两种结果，一种是丢一辈子脸，一种是在短时间内把脸丢光了。所以，**大胆地去做那些你认为突破一次就可以让自己发生巨大改变的事情吧**！

看一下我们万人迷微商特训营 7 期的师姐“激情姐”是如何将丢脸逆袭成将团队小伙伴的激情鼓舞到极致的。2015 年 6 月，“激情姐”向东遥老师学习了演说，回来之后，由于微商步入冬季，团队出货不是很好，大家纷纷觉得看不到未来。很多小伙伴找各种各样的借口怠工。于是她下定决心，从自身突破，一定要改变这种现状。她做了一个非常惊人的举动：在地铁上坚持 21 天的公众演说。她说自己像傻子一样，只为了告诉团队小伙伴，“我们是最棒的。”她告诉我，当时在地铁上做几分钟的演说，带了团队里的几个小伙伴，讲了自己的故事，刚开始自己的腿都在发抖，但是为了团队小伙伴的微商事业，她坚持住了！地铁上的乘客都说她是疯子，她对此不屑一顾，但是“激情姐”团队的小伙伴瞬间激情爆棚了，我看到了朋友圈被“激情姐”的各种公众演说刷屏了。大家都在感慨，团队老大都可以这样放下面子，自己还有什么可怕的。就这样她把自己的脸丢光了，但所有人都给她脸了，万人迷的小伙伴纷纷为她的壮举竖起了大拇指。在那个月，她的团队快速裂变，一个月时间从仅有的几个人快速裂变为 300 多人。现在想一下，自己可不可以做这样的突破？

也许这样的举动会受到很多陌生人不理解的嘲笑，但是你的团队伙伴是理解你的，这就够了，不是吗？如果身为团队长连脸都不敢丢一下，那么又指望团队员做出怎样的突破呢？看了“激情姐”的故事，你还觉得脸不能丢吗？

2.1.3　如何摆脱肚子里没货的尴尬

有个秀才去赶考，考官说你考试比老婆生孩子还难。秀才支支吾吾地说："是难，老婆肚子里有货，我没有。"如果你想做一场好的演说，材料的准备永远是不可忽视的，不管你掌握着多娴熟的节奏、技巧，没有内容的演说永远都不叫演说，更不用说是成功的演说。材料的准备是不可能一气呵成的，这需要我们平常的积累，我们在平常要学会多和同行交流，多去切磋、学习。同时，我们要养成随手记的好习惯，比如现在有很多微信群做分享，当我们听到有用的知识就马上用笔记下来。**东遥老师一直在说讲故事的优势，其实，我们自身的经历很多时候就是最好的故事材料**。我们在什么时候遇到过什么困难，又是怎么解决的，现在是什么样的，这就是最好的素材。演说要讲一手货，从老师这里拿来的都是二手货。讲一手货厉害还是二手货厉害？真正的演说素材在自己身上，如我的经历、我的经验。不要说自己没经历，打 5 岁开始记事儿的时候，咱们就开始有经历了。人生的经历不一定要轰轰烈烈，和家人、和朋友、和爱人那些欢天喜地、悲欢离合、轰轰烈烈，都是素材。不是没素材，而是你没有在意过这些素材。素材来自活生生的人的自身经历，不是别人讲给你的二手货，否则就没人想听。讲故事的终极出路：讲自己。**你完全可以用自己的朋友圈记录自己每天发生的事，把朋友圈当成日记本**，不断地进行积累，并且把它优化成语音文字，这就是你的故事。下面我为大家分享 3 种方法帮助大家摆脱肚子里没货的尴尬。

1. 随时记录好的事物

给别人一桶水，一定要保证你自己有更多的水，我们可以通过各种方法，把各种知识变成我们自己的货。俗话说，好记性不如烂笔头，我们经常会浏览一些好的文章、书籍、新闻、资讯等，如果我们觉得哪些内容比较有意义，或者看到一些名人的典故，就要随手把它记下来，在我们平常和别人聊天的时候，有趣的、有意义的、有感悟的事情也要记下来。不管我们有怎样好的记忆，都会被时间消磨掉，所以大家最好随身携带纸和笔，养成随手记的好习惯，或者可以用现在大家非常常用的有道云笔记，随时用手机记录，并且在空闲的时候经常拿出来翻阅一下。久而久之，这些东西就会变成我们自己的，这样当我们真正去演说的时候，这些材料就会在我们的脑海中浮现，再加上我们自己的论点，会更加容易让人信服。**真正地做到把天下的知识变成自己的知识**。

2. 认真观察生活细节

准备材料很重要，但是使用材料更重要，就像拼图一样，一定得有自己的位置，绝对不能拿柿子的例子去阐述茄子，否则一定会让人笑掉大牙。合理地使用我们的材料，才能够为我们的演说加分，才能够和我们的听众产生共鸣，我们需要利用这些素材达到自己和听众都想要的效果。这就不仅仅是收集材料那样简单了。我们要把眼睛时刻安插在我们平常的生活中，把生活中发生的绝大多数事情都当作演说的素材收集起来，你可能会觉得很麻烦，但这将是你以后演说的强大资料库。在生活中时刻准备着，才是最高境界的准备。这不仅仅有助于我们演说能力的提高，更有助于我们微商事业的发展。一件事情的成败，少不了我们平常在生活中的细心观察，所以各位小伙伴，一定要认真观察我们的生活细节，并将它们记录下来。

3. 从生活中感悟提炼

我们很多人都有一个很常见的心理，就是对别人的事情非常感兴趣。我们每个人都有属于自己的故事，这些故事不一定是什么惊天地、泣鬼神的大事，可以是很平常的事情。

演说就是讲讲自己的故事，电影《失恋 33 天》讲的就是大家生活中的常见事——失恋，但卖了 3 亿的票房。失恋你有没有，如果你有，你也可以卖出 3 个亿了。《泰坦尼克号》上谈恋爱的故事，卖了 10 亿美元。电影只要精彩就能卖钱。柴米油盐，生活琐事，讲出来就是钱。要是这些都可以卖钱，那么你还觉得自己缺故事吗？肚子里还没货吗？如果说没货，你和爱人谈恋爱的过程可以讲半小时，你的孩子多聪明也可以讲半小时，你建团队如何起步更可以讲半小时。记住，自己的经历就是最精彩的故事与素材，不是讲别人的故事，是讲自己平平淡淡的故事，从自己身上找素材，懂了就有货了。只有你经历过的东西才会讲得好。

卖任何东西背 108 段话术，客户听不明白，可是生活中的任何感知告诉别人他就会有感觉。**我们不是要去外面找好的素材，而是要向内看，将自己最真实的经历讲出来，真实的才是最伟大的，**生活中的才是最好的，生活过你就有货。我们出生就是最伟大的故事，70 亿精子游过 N 个太平洋，在母体中找到卵子，才有了我们的生命。**人类生命的开始，就是一个伟大而真实的故事**。所以你很伟大了。生命的开始就是在伟大的战场上赢得了一个最伟大的战役。所有的淡定都是因为你经历得多。怕，是因为你经历得太少。

2.2 我会讲

演说不仅仅要敢讲，更要会讲，只有会讲才能够抓住人心，展现魅力。怎样算会讲呢？说得简单一点儿就是，讲得要让听众喜欢你。本节将会与你分享，如何讲得让别人喜欢。

2.2.1 向高手借鉴经验

所有人都希望自己能够像个演说家一样，到哪里都侃侃而谈，让万众瞩目，然而你会发现这并不是那么容易就能够做到的，很多人不敢说话，没有勇气，很害羞。说到这儿，应该会引起许多人的共鸣。

我们很多人身边几乎都会有这样一个人，他好像什么都不怕，到哪里都可以撑得开场面，这个人有可能是你的家人、朋友、同学、同事等。那么这个时候你需要思考一下，为什么他可以，自己却不可以？其实你完全可以去问他，是怎么做到的，以此来鼓舞自己。

在不同的地方，你会看到各种各样的人表现的场景，完全可以把它记在心里。当你遇到相似的场景，也可以用他的经历来相应地给自己打气，鼓舞自己。

绝大多数人都会在某些情境下感觉到害羞，都想表达自己的观点，和别人进行交流，但是缺乏足够的勇气，在这个时候，就需要你展现口才，你完全可以借鉴别人的经验，复制别人成功的方法，这是最快的成功方法。

不要担心演说高手不搭理你，相反，他们更乐意与你分享自己的成长经历，**演说本来就是一个分享的过程，高手一定乐于分享**。只要你虚心求教即可。

2.2.2　让语言生动有趣

那些惹人喜爱的演说家，总是幽默的，有的时候一个人只要学会幽默，即使不那么能言善辩，偶尔道上一两句幽默的话，也会成为大家的焦点。幽默的语言能够在一定程度上缓解我们内心的焦虑、压力，以及紧张的情绪，在一定的场合，幽默可以很好地活跃现场的气氛，也可以成为拒绝他人很好的方式，用幽默的语言拒绝别人，既不伤害他人的脸面，也不损坏礼仪。在演说中，幽默可以很好地拉近与听众的距离。适当地使用幽默可以为演说增添色彩，同时更好地去表达一个主题，或者一个论点，而且还可以营造一种和谐的现场氛围，给听众一种精神上的愉悦享受。所以**幽默是每一个演说者必备的条件**。下面跟大家分享一下演说使用幽默语言的时候我们应该注意哪些事项，同时可以使用哪些技巧。

1. 找到自身的特点

我们在演说中要很自然地运用幽默，找出自身的优势，不要一味地去效仿别人，盲目跟风，否则会丢失自己的本性。很多时候，不是我们发自内心的东西，是很难融入其中的，你去效仿，往往会以东施效颦告终，弄巧成拙，落人笑柄。我们都不是天生的演员，所以要轻松自然地为演说注入属于你自己的幽默因子，从而更完美地展现出你自己独特的魅力！你甚至完全可以偶尔来点儿网络语言，偶尔自黑一下，这也是一种独特的娱乐。移动互联网有一个特征，大家或许没有去总结它，但是它时刻存在于我们的身边，就是人格“异端化”，做有个性、有性格的分享者。有时候我们听到一些演说者说“我去”“DUANG”“压力山大”会觉得比较贴近生活，就是我们所说的接地气。

2. 劣势可以成为优势

新鲜感常常是幽默的重要组成部分，所以我们应该在语言部分下一些功夫。比如，说一些地方方言。美拍APP上有一个叫小山竹的小女孩，因为会说一口非常地道的东北话，而且长得十分可爱，目前拥有将近60万粉丝，所以说，有的时候方言很有用。当然了，在我们演说的过程中要适当地使用方言，不能因为它奏效，就通篇使用方言。另外，要说实话，有的时候说一些实话，效果是很好的。比如，当你在演说的时候说到身材这个话题，你可以在前面说一大堆瘦的好处，然后再说：当然了，虽然我很胖。再运用一些夸张、比喻、双关等语法，或者故意选择有歧义的词语造成思维矛盾，并融入自身的特点，一定能很好地达到幽默的效果！

微商七侠在2015年9月23日晚上有一次微信群分享，在286个群同步直播，直接参与的微信人数达到5.1万，当时我的老师徐东遥发了一条朋友圈作为人生的记录点。

一位学员看到后私信东遥老师说：“老师，是否可以帮我把我的品牌在这5万粉丝中间推广一下呢？”他说这是公益分享，你也可以学习用演说去分享，讲一讲自己的经历、创业故事、销售心得等，自然有人会注意到你。这样我也好推荐你，因为一个名不见经传的人是很难被人推荐的，要被人推荐也一定要有属于自己的影响力。

这位学员非常认同，他说：“老师，你有没有教人怎么样去演说，如何去规划微商的课程，怎么样带动大家像你一样讲课的时候有那么强大的渲染力?”东遥老师说:“很简单，你学会演说就好了。演说和演讲完全不一样的，**微商会演说的，做的就是招商**。大多数的小伙伴还是在做普通的分享，这种分享只是读读稿子，听起来很生硬，让人感觉到他就是在读或者就是一个新手在复述，而一个微商演说家，却可以在自己的领地中直接招商赚钱。”

微商界也有这样一个案例，一个品牌重金聘请了一位非常厉害的电商操盘高手来为他们的品牌招商，这位高手操盘的项目金额高达数十亿元，但他的一场招商会却只招到了几十万元，品牌方又聘请了一位常年在做演说的培训公司的人，他对产品和品牌并没有电商操盘手那么熟悉，但他的舞台风范、强大的渲染力却帮助品牌一场招商会吸引了数百万元的加盟费用。这就是演说的强大之处，**演说招商是可以直接转化为现金的最简单方法**。

有位学员曾问东遥老师:“东遥老师，我平时很少语音分享，我能学会演说吗?”

东遥老师说:“你的声音非常温柔、非常有亲和力，和我有些相似。如果你学会有逻辑地去演说、使用心理学成分去设计讲稿，你会非常优秀，会成为微商界的一个新的男神，因为连我都被你的声音给迷住了。”

他说:“东遥老师，我一直觉得自己的说服力不够，不够霸气，压不住人，这和我的外貌有关系吗?”

东遥老师说:“人的外貌和内心的自信有关系，**当内在十分自信的时候，再温柔腼腆的外表也能展示出霸气的一面，当内心恐惧的时候，再有型的外貌也会变得很渺小**。这种自信是装不出来的，和人的开悟有关系，有时候开悟就是在一瞬间想通的事情。”

他说:“我的普通话不标准，我讲的是广东话。我不知道自己适不适合在微信群中间做分享。”

东遥老师说:“没有不适合的人，只有自我的胆怯。最早的演说是由陈安之先生带到大陆来的，他当时普通话也不太标准。并且他的老师“成功学之父”——安东尼、罗宾经常会来中国演说，很多人去听，他在讲什么我相信没有多少人听得懂，因为他是用英语讲的，但是他的气场确实能够震撼全场，很多人就是花钱来感受这种氛围的。

“所以你的声音好不好听，你用的是哪种语言完全不重要。重要的是你身边的人能够感触到你带给大家的情境感，那就是我们声音的渲染力。

“假如你使用广东话或者广东味道的普通话来演说，在整个的微商行业中真没有多少人使用的这种风格，当大家都在使用普通话而就你一个人的风格是广东话时，普通话就变得很普通，广东话反而更加引人关注。相信这个时候，你已经有答案了。千万不要否认自己的演说能力，当你做的时候，才会发现一切眼前的迷雾都会消失，因为**只有行动才能够出真知**。”

2.2.3 语言精练不讲废话

不管你会多少演说技巧，如果没有克服讲话啰唆这个毛病，那么一切都有可能付诸东流。有的人喜欢说个不停，还自认为口才很好，殊不知大多数说的都是废话，听者已经非常之厌烦，甚至无法忍受。做演说，一定要明确，语言尽量做到简短、精练，同时尽可能包含的全部是对诠释主题有用的信息。这样才能够让听众对你讲的内容给予肯定，如果通篇都是在讲废话，拖泥带水，不仅让人厌烦，而且会透支你的信任。

1. 时间是金钱更是生命

所有人必须知道：时间就是生命，你需要对每一位听你演说的人负责任。假设有 200 人听你演说 2 小时，每个人平均每小时的生命成本为 100 元，如果你做了 2 小时毫无意义的演说，那么你就浪费了别人总共 40 000 元。但是每个人的生命成本又何止 100 元 / 小时？生命是无价的。每个人都有自己的家庭和事业，他们可能舍弃很多无价的东西来听你的演说。有句老话：

“浪费别人的时间就是谋杀”，若你做的演说无价值，那你就是在谋杀所有听你演说的人。这些人可能有你的家人、亲人、朋友、粉丝……现在你知道演说者的责任有多么大了吧！

对于微商小伙伴来说，在微信群中的语音分享，最多 45 分钟结束，不要超时。45 分钟是听众注意力最能集中的时间，超过了，他们的注意力就会分散，**45 分钟内把一个案例讲透，是最好的，不求大而全，只求小而美，不要啰嗦，不要废话，要一针见血地直击听众内心**。不要把听众弄疲倦了。切记，时间是生命，一定要严格控制时间，讲不完怎么办？果断地停掉，说一句话：请听下回分解。这会比啰嗦更值钱。

你需要在最短的时间内创造出最高的价值。恰到好处地征服听众，让听众与我们产生真正的心灵碰撞。所以在这之前你需要利用足够的时间去了解你的听众，你越是了解你的听众，就越有可能知道他们真正想听什么，那么你在演讲中创造的价值就越高。这不仅仅是对你自己负责任，更是对你的听众负责任。每个人的时间都是十分宝贵的，我们只有真正地在演说中创造出价值，才算对得起大家的时间。

2. 回答最重要的问题

很多微商小伙伴很容易就可以招到代理，很容易就可以把货卖掉，但是有一部分小伙伴是很难卖掉的，并且整天抱怨，不明白为什么别人卖得掉，自己却卖不掉，区别在哪里。大家先看一下同一品牌的两个面膜代理微商在微信上销售同一款面膜的场景。

场景一

客户：你好，请问你卖的面膜功效怎么样？价格是多少？

微商：我们的面膜采用珍贵的进口蚕丝膜，含有水、丙二醇、黄原胶、甘草酸二钾……经过 20 多道复杂工艺制成，用起来效果很好。

客户：可以说得明白一点吗？

微商：好的，我们的面膜是 125 元每盒，里面含有 3 瓶玻尿酸。

客户：哦，我再考虑看看吧……

在这种情况下，客户很自然地会去别处看看。尽管从介绍面膜本身来说，这位微商说的没有任何错误，但是客户听了之后需要冥思苦想才能弄明白，这样的面膜对自己的皮肤有什么好处。这真的是非常伤神。你要明白，人都是非常懒的，不愿意付出太多的劳动，如果让客户有过多的思考，就会很自然地失去这个客户。客户心里只有一个问题，就是“这和我有什么关系？”我们再来看一下另外一位微商是如何做的。

场景二

客户：你好，请问能给我介绍一下你卖的面膜吗？

微商：您好，当然可以，请问您是什么肤质？

客户：我最近的皮肤比较干。

微商：那您算找对人了，我们的面膜采用极其珍贵的进口蚕丝膜，由多种珍贵有效的成分组成，补水效果也是非常的好。因为我们的面膜材料比较珍贵，所以面膜敷起来的感觉就仿佛没有敷一样，给您皮肤的感觉就像是在极其炎热的夏季，干渴得不行，突然得到一杯冰水。您可以睡前敷一片，第二天早晨起来就会感觉皮肤非常水润。

客户：太好了，好想马上敷一片，这个面膜多少钱？

微商：价钱更是超乎您的想象，一盒面膜里面有 5 片面膜、3 瓶玻尿酸。一盒面膜下来就相当于您去美容院做了一次 1980 元的光子嫩肤，而这一切，您现在只需要足不出户在家里花 268 元就可以全部解决了。

客户：先给我两盒吧，好的话，我再回来找你。

在这个场景中，这位微商用非常平易近人而又生动的语言解决了客户唯一关心的问题，就是这个面膜跟我有什么关系，很好地将产品和客户的生活结合在了一起。这样的销售方式必然会在微商事业中脱颖而出。

客户并不会关心你的产品有多好，你能赚多少钱，客户关心的是这和我有什么关系，所以，你要明确地告诉对方，你的产品能给对方带来怎样愉悦的体验，直接告诉对方，你的产品能给对方带来多大的好处，能为对方省多少钱。永远不要让你的客户猜来猜去。

总之，要回答最重要的问题。如果客户想要听的就是你的销售经验，那就少讲成长的故事；如果客户想要听的就是你的成功经验，那就少讲产品，多讲故事。

2.2.4　有衬托才深刻

在演说中，我们需要从正、反两个方面来做对比，让听众更深刻地建立认知。最好的方法是找到一个最坏的角色，把它打压到底，再找到最伟大的英雄来“拯救世界”。

1. 让人民公敌出场

我们会发现，几乎所有的电视剧、电影里面都会有救世英雄和人民公敌。而在我们的微商事业中这种情况也是随处可见，我们经常会在朋友圈中看到很多微商小伙伴发自己的产品和其他劣质产品的各种对比图，这个时候好产品就是救世英雄，劣质的产品就是人民公敌了。再举例说，很多无良的商家会把出厂价 6 元的面粉丸子提高到 298 元当减肥药卖，很多无良的上家一味地让代理囤货，不教如何卖货，还有那些让人恶心的假货市场，生产着各种各样危害人身体健康的假货。这些都是人民公敌。我们应该将这些无良的人“打出”微商界。在我们做演说的时候，使用这样的套路，会自然地让听众站在英雄的角度想办法解决掉坏蛋。**所有有结果的演说都是“有心机”的。**

当我们在演说中提出坏蛋这个形象的时候，客户的注意点已经从产品转移到你是否能真正帮他解决这些问题，怎样才能够解决这件事情给自身带来的痛苦。在演说中提出反面角色，一定要跟听众讲明确这个反面形象给大家带来的痛苦和损失是什么。说出问题所在，听众就会不由自主地在心里期待，你是不是那个来帮助我解决问题的人。

2. 让救世英雄出场

对手当然越坏越好，救世英雄并不一定是来消灭坏蛋的，但能够解决坏蛋给人们带来的痛苦。面对假货横行的无良商家，正规的成本质量相对较高并且健康的产品就是救世英雄；面对一味地让代理囤货不教如何卖货的无良上家，**一个成体系的微商教育系统就是行业的救世主**。

当我们在演说中确立了反面角色之后，就要马上挖掘听众的痛点，并放大，然后用平易近人的语言描述自己产品的好处，指出它能够怎样解决或者缓解客户现在的痛苦。这就是演说中讲的救世英雄的出场！

2.2.5 分享秘诀：形散神不散

关于形散神不散这个主题，我来询问东遥老师，他是这样告诉我的。

我看到很多微商领导者每天非常辛苦，凌晨还在为小伙伴写 PPT，为小伙伴们做分享，他们告诉我，如果这个团队没有自己，团队早就倒下了。我说："你干吗这么辛苦，你应该激发你们团队的每一个人都来分享。"他说："老师你说得非常容易，但是这个事不是每个人都做得了，我的团队有很多小伙伴不会分享。"我说，哪有那么复杂，万人迷的小伙伴毕业之后一定要干一件事情，就是要实战分享，在线下沙龙、在微信群以及 YY 的平台去分享。

有人说："老师，你的学员都那么厉害，都能分享吗？"我说："他们之所以厉害是因为我教给他们一个绝活儿，这个绝活儿就像我们小学三年级学的一种写作方式，叫作散文，散文最重要的一点就是形散神不散。我让我的学员从在万人迷学会的所有知识中找到令自己最兴奋的一点，不一定要和东遥老师讲得一模一样，但是只要那个知识点令你兴奋，就意味着你曾经做过，你未来要做，或者你已经听过，别人已经做到。这个时候你就可以把你兴奋的主题拿出去分享，不需要太久，5 分钟、10 分钟、半个小时都行，不断地去延伸，它就是万人迷课堂讲的内容。你可以加上你自己的案例，或者你见到朋友的案例，或者是某些微商大咖在使用的案例。

“你会发现我给你一个主题，会有一百个人通过一百种方法、一百个角度、一百个不同的案例去讲，那它要表达的意思，以及我们听众所听到的角度，和他吸收的东西是完全不一样的。

“你一定要让你团队的成员，把你曾经分享的东西分享出来，切记不要让他们用你给他们编写的稿子，否则会扼杀了他们的职业生涯。你要教导他们，形散神不散，学会分享，学会套用，学会思考，学会总结，你的团队才会越走越远。而且分享将会越来越精彩，因为在万人迷有我们自己的行事宗旨，参与即学习，分享即营销。”

2.3　我讲好

上面两节内容我们讲了敢讲和会讲，这些对于做一场好的演说还远远不够，我们不仅仅要敢讲、会讲，更要讲好。怎样才算是讲得好呢？这包括我们演说的每一句话要用什么节奏，演说要怎样开头和结尾才算精彩，怎样进行有效的自我训练，怎么能通过演说做行业里的第一，怎么能让我们的演说刚柔并济，让听众欲罢不能。本节我们将一一与您分享。

2.3.1　控制演说的节奏感

在演说过程中，最忌讳的就是用一种节奏贯穿始终。节奏是演说者的灵魂，节奏主要包括音量的高低、语速的快慢和声调的抑扬顿挫。节奏的变化能体现出语言的魅力，能够增强语言的感染力与表现力。下面我们简单地来解释一下节奏中包含的几大部分。

1. 音量

音量是指我们讲话时声音的强弱，我们需要运用合适的音量使我们的演说在听众听来是清晰易懂的。我们在线下做分享的时候，首先要保证音量让所有人都听得到，这并不代表你要一味地提高嗓门，因为你的音量不能让听众听着震耳朵，你可以在强调某些信息的时候，适当提高音量。上台开口说第一句话时音量不能过大，也不能过小，还要根据会场的秩序来调节你的音量，秩序好，音量就小一点儿，秩序不好，音量就大些，要让我们的声音抑扬顿挫，穿透全场。

2. 语速

语速是指我们讲话的速度，当我们心情不好的时候，讲话的速度可能慢些；当我们心情好的时候，讲话可能快些。讲话的速度对信息的传递是否清楚十分重要，语速太慢，很可能会使听众走神；语速太快，会让听众没有足够的时间去接收完整的信息内容，尤其是当我们在讲解专业知识的时候，语速更要适中。如果我们分享过程中紧张了，这时候会不自觉地加快语速，这就需要我们好好调节，在紧张的时候特别要注意语速。当我们讲得很感性、很美好的时候，就用慢慢的语速将听众带到美好的情境中；当讲到激情高涨的时候，就需要加快一点儿语速，让听众的血液快速地流动起来。

3. 声调

声调是指声音的高低，它是由声带振动的频率来决定的，调节声调的高低通常是通过收紧或放松声带来完成的。声调的调节对我们理解信息也非常重要。比如，当我们说一句问一句的时候应该是升调，若用了平调，就会被人理解成陈述句。演讲时我们会有很多声调的变化，所以要学会去调节我们的声调！

语调指的就是当我们讲话时发出的音调和语气，它能够准确地传达出说话者所表达的情感。人在情绪比较低落的时候，语调是比较无力平淡的，在情绪激昂的时候，语调是比较生动有趣的，如果你的语调比较真诚，那给人的感觉就十分踏实、诚恳，能够瞬间增进双方的情感。语调有它自己独特的魅力，它能够很好地将我们的语言生动化、灵活化。很多的演说高手，都能够将自己的语言贴上独有的标志，因为他使用独有的语调讲话，所以声音的识别度很高。我们很多人认为语调没有那么重要，它就是我们原本的嗓音这么简单，从来不会认为需要去做什么特别的改变，这是极其错误的认知。错误的语调会传达给对方错误的信息，比如你想表达赞美之意，但是你的语调是非常轻率、非常不屑的，那就不仅仅是你想传达的意思要清零，而且将会带来非常不好的影响。所以在演说中，**如果不注重语调的表达，极有可能一切都前功尽弃**。

2.3.2　完美的开头与结尾

开始先问好，结尾送祝福。

我们在做分享的时候，开头和结尾不需要过于复杂，最重要的一点就让小伙伴们感受到你的亲和力。但是这并不代表着分享的开头和结尾不重要。好的开始是成功的一半，要想成为一名出色的演说者，无论你准备了多么棒的内容，开始的 1 分钟都是致命的关卡。有的人非常不屑于这小小的开场白，但是它确实把握着你接下来所讲的每一句话的命脉，听众要不要听下去，取决于你留给他们的第一印象是怎样的。所以一定要在开始部分就让听众感受到你的亲和力，最简单直接的方法就是问好。简单讲，就是如果早上分享，就可以先问早上好；中午分享，先问中午好；下午分享，先问下午好。这是最基本的礼貌。然后接下来道一些感谢语，这可以包括感谢老师、团队、家庭、爱人……这最简单、最传统的问好方法，在微信群中就是最有亲和力的开头方法。

结尾也一样无须太过复杂的语言，但是一样要有亲和力，我们依旧采用最传统的结尾方式——祝福式结尾。诚挚的祝福是一种情感的感召，它能够深入人心，打动人心，让你的结尾充满了幸福的力量，能很好地营造出一种欢快、愉悦的氛围，让你的演说以快乐幸福告终。可以祝团队越做越大、产品越卖越火、家庭越来越幸福……

2.3.3 合理利用身体语言

身体语言的重要性，大家可以这样去想象一下，如果你坐在那儿演说，你哪怕不说，只要去演，哪怕你演得不好，手舞足蹈都有人看。什么是演呢？演说，说是声音，声音以外的我们全部定义为演，主要指我们的身体语言，同时也包括我们的仪表甚至着装。

我们在做分享时，一定要挺起胸膛，这样可以很好地表达出你的自信，适量的手势配合能起到画龙点睛的作用。我们在生活中时常会发现，那些成为焦点的分享者，说话的时候总是配有各种有特点的肢体动作或者奇怪的声调，自然而然地产生一种效果，吸引你不得不去注意他。我们看看成功人士演说的时候，比如马云、奥巴马、乔布斯等，他们的各种身体语言都相当强大，他们一出场，还没有开讲，就感觉充满了激情、自信、活力，这都是演的艺术，这不仅仅能在冥冥中影响着听众，更能彰显出演说者自身的魅力！同时在说的时候，肢体动作可以让你的思维更加发散、更加敏捷。所以学演说，一定要动起来！

那我们在线上做演说，也就是微信群中或者是 YY 上，是不是就不需要演了呢？当然不是！东遥老师在讲课的时候，虽然我们看不见他讲课的样子，但是我们能够很轻易地就感受到他在动。所以，我们在做分享的时候，**不要忘记去演，这样才是演说，才能感染人**，而不是简单地去照本宣读。

2.3.4　有效开展自我训练

当我们掌握了以上知识以后，就需要不断地进行练习，只有实践才能出真知，如果认为知道了这些知识，就可以很好地去演说了，那是不可能的。**我们必须通过不断的练习，不断地找出自己的不足，不断地改进，不断地提升，才能够塑造一个在演说领域更美好的自己**！

平常我们可以去各种微信群中进行练习，进行分享，你会发现，即使是一个广告群，只要你进去分享坚持半个小时都会有人为你鼓掌，哪怕没有人听，你都可以很快地提升自己的胆量以及自己的演讲技巧。多加一些群，多进行一些分享，尽量每天坚持分享 3 次，每次持续半个小时。一点一滴地进步！这样的方式不仅仅会提高你的演说水平，同时也能够吸引大批的真实铁杆粉丝，让你的微商事业蒸蒸日上。

我们在平常讲话的时候，自己听到的自己声音是会骗人的，你要是想知道听众听到的你的声音是什么样子的，最好的方法就是把你的声音录下来，有的时候你觉得自己的声音很好，但是一听录音就会发现真的很糟糕。这时候我们可以通过有声电台，反复地记录，反复地认知我们自己的声音，把自己想象成一个普通的听众，专心地听自己演讲，找出自己的不足，然后加以改正，重新录制。如此反复练习，才能够找到突破点，更快地进步！很快你就会发现一个更优秀的自己。

2.4　我收到

每次公众演说的过程不仅仅是语言、状态的输出，更重要的是，你要领悟这次输出给你带来了什么回报，这才平衡。

2.4.1　美好形象很重要

我们在微信群中进行分享，90% 的听课人都会点开你的微信头像。我们的微信头像，就是我们在微商这个线上的圈子中的形象，所以你的微信头像绝不能是小猫小狗，也不可以是花花草草，一定要是自己的头像，而且一定要有亲切感，看起来职业化、有自信。这样配合着你卓越的演说能力，才能给听众留下深刻的印象。建议大家回顾一下《我是微商》第一季第二章。

2.4.2 声情并茂深入人心

没有共鸣的演说就是自圆其说，完全不具有任何意义。要想激起听众的共鸣，就一定要有真实的情感流露，只有用心的演说才能够激起共鸣。学会用我们的语言和情感让听众感同身受，将听众带到我们的演说中来。

1. 用真实的情感感动听众

优秀的演说者，他的演说一定是能够打动人心的，是有情感倾入的！每个人都是感情动物，我们需要说之以理、动之以情。一场好的演说，情感的注入一定是贯穿始终的，从我们演说的开始、过程到结尾，都应该是注入感情的，我们所注入的感情一定是从内心里面流露出来的真正的感情，而不是装腔作势。演说者的情感变化是能够激起听众情感的变化的，所以，我们在演说中讲的不仅仅是理，更是情，只有我们情真意切了，才能够让听众产生共鸣。比如，我们在做微商招商的时候，有一招叫作“挖痛苦”，你所讲的痛苦一定是自己经历过的，或者是身边的人经历过的，只有这样你才能够把你自己的真实情感融入进去，**真正地从心理带动听众，这样才能够和我们的听众产生心灵上的共鸣**。才能够达到我们演说的目的！

2. 时刻要知道听众要什么

演说不是在演独角戏，顶级的演说者应该会把控听众的情绪，我们需要了解和掌握听众的心理，要让听众成为我们演说中的一部分。

所有的演说者都希望能够让听众全神贯注地听自己演说，但是有经验的人都知道，这并不是一件容易的事情，我们在读书上课的时候会发现，自己总是会听着听着就走神了，其实根本原因就是我们课堂内容过于枯燥无味，只是我们不得不学习。换种方式讲，当我们去听一个讲座，内容是怎么在 1 周之内赚 500 万，那我想绝大多数人是很难走神的。原因就是这是我们感兴趣的话题。那么现在，你是不是很想知道，我们到底如何才能够吸引到听众的注意力呢?

我们做事常说换位思考，演说也一样，你需要换位思考，去了解你的听众想听什么，他们渴望从你的演说中得到什么，学会去分析听众，这样才能做到知己知彼，百战不殆。要想了解你的听众，你需要从以下几方面着手准备。

（1）你的听众是谁?

（2）他们为什么要听你讲?

（3）他们喜欢什么？关心什么?

（4）他们有多关心你演说的题目?

（5）怎么讲才能直接影响听众或者间接影响听说?

（6）我们可能说的哪些话题会让听众反感，如何让听众从反感变为接受?

你可能会想，这真的有必要吗? 得多浪费时间啊，我可以肯定地回答你，真的有必要，而且是非常有必要。我们只有了解听众，才能够在最短的时间内创造出最高的价值。每个人的时间都是非常之重要的。

3. 释放激情让他参与互动

很多时候的演说，内容相同，舞台相同，听众相同。要**想赢得最终的胜利，我们拼的就是激情**。你需要在内心坚定地相信，你的演说将给他人带来很大的价值和意义，而你将用你的激情和你的自信，让他们感受到你演说的价值所在。你的激情越饱满，态度越真挚，越能够带动听众的情绪，听众会不自觉地跟着你的情绪走，被你深深地吸引住。你需要把你内心中所有的正能量全部释放出来，去演绎一个豪情满怀的你。我们一开始做演说的时候就应该是充满昂扬的激情的，把我们的演说变成我们激情迸发的产物；在一开始分享的时候，我们就应该让听众感受到我们的热情、火热的气场，让他们瞬间对我们接下来要讲的内容充满期待。接下来你需要用你的情感将你的演说一次又一次推向高潮，激发听众所有的兴趣性和积极性，同时让听众参与互动。比如东遥老师在 YY 授课的时候，他经常会说“讲到这里我就太兴奋了，我觉得大家都应该为我刷朵鲜花”，实际是让更多人回想一下你兴奋的理由，带动他的思维再一次和你互动。我们做分享的过程中，互动是一定要有的，互动不仅仅能帮你营造现场氛围，同时也能帮助听众提高注意力，吸收相对来讲最大的知识含量，所以无论我们在 QQ、微信、红点，还是在 YY 上面做培训都是需要互动的。具体的互动方式大概有以下几种，大家可以参考下。

（1）提问题。

（2）签到。

（3）刷红包（微信、QQ 群中）。

（4）要求刷花。

（5）让听众分享收获。

只有这样，你的演说才能够称得上是一场真正的演说。

2.4.3 练习，练习，再练习！

我一直相信，如果你不会做，或者做不好一件事情，同时你又非常渴望能把这件事情做好，那么你就需要一个劲儿地让自己出丑，直到学会为止。

如果你真的想做好演说，做好自己的微商事业，就一定要下定决心，在任何公众场合张开嘴巴讲话，绝不放过任何一个可以锻炼自己的机会。

别人的菜做得再好吃，我们自己不动手，也永远不会做。别人的开车技术再牛，如果自己不去尝试学开车，也永远不会驾驶。很多事情都是如此，自己不亲自试试，永远都不可能会做，更不用提做好了。演说也不例外，不管我们学了多少专业知识，看了多少次名人的演说，如果自己不张开嘴巴，永远都不可能学会。

在家人、朋友、同学、异性甚至陌生人面前，每个人都希望呈现出自己最好的一面，都希望自己能够得到他人的肯定和认同。十分恐惧自己会当众出丑，担心自己说话，哪里说得不好会被嘲笑，因此不愿意开口讲话。其实这种担心是完全没有必要的。因为就算你讲得不好，也不会发生任何事，没有谁会去责怪你。

我们每天都会遇到各种各样需要我们开口讲话的场景。回想一下你每天的生活，绝大多数场合都是需要你开口讲话的。在朋友的生日宴会上，在工作的会议上，你完全可以勇敢地站出来讲几句。不要一味地封闭、埋没自己。给自己打打气，大声地告诉自己，这是最普通不过的小事，一定可以做到。只有这样，你才能够看得到自己的进步和改变。

也许你一开始讲话并不知道自己要讲什么，甚至迟钝到想一句说一句，但这并不是什么大事，因为你已经非常勇敢地迈出了第一步。不管你自己在某个领域取得了多大的成功，都不要期望自己能够一开始就成为一位讲话高手。你需要扎扎实实、一点一滴地突破。

现在的你正在阅读这本书，当你读到这儿，可能内心已经决心开始改变自己了，要想真的在微商领域闯出一片自己的天空，那就不要怕丢人，勇敢地前进。**如果你选择一直坚持下去，那么不久之后，你将会在身边的人面前呈现一个全新的你**。勇敢一点，微商小伙伴们！胜利的曙光就在不远处。

2.4.4 持续注入演说的动力

很多事情，当我们毫无动力的时候都做不好。对于微商演说来说也一样，如果你对此毫无期待、毫无动力，那么几乎是没有任何能够做好的可能性。所以我们要想做好演说，就要给自己加加油、打打气。

思考一下，为什么所有的口才课、演说课费用都非常高，为什么那么多名人，可以不学画画，不学跳舞，不学唱歌，却一定要学习演说？可见演说的魅力有多大！那么到底我们的说话能力能给我们自身带来什么呢？

现在你可以闭上眼睛，想象一下，台下有几万名听众，你抬头挺胸、自信满满地走上舞台，几万人的目光全部都聚焦在你一个人的身上。想象一下，不久之后，伴随着你的结束语，全场激情爆棚的掌声只为你一个人响起……此时此刻，你多么骄傲，你多么荣耀！

继续想象一下，依靠着你的演说力，在微信群中，200 人听你讲 20 分钟，20 人被成交；依靠着你演说的激情，你的团队一个月业绩暴涨几十万；依靠着你的演讲力，其他团队的代理纷纷主动向你“投怀送抱”……对于正在从事微商的你来说，还有什么比这感觉更好的呢？

很多之前不敢开口讲话的人，因为学习了演说，令身边的人都对他刮目相看，各种好运接踵而来。从此在演说的生涯里再也停不下来了。能够游刃有余地处理好与他人的关系，从此影响到了他们的整个人生。

将你全部精力集中起来，时刻铭记演说对你微商生涯的重要性，它能够让你的产品卖得如鱼得水，能够让你的微商团队激情爆棚，能够让你招代理变得信手拈来……一切都变得 so easy! **你要相信，只要你对演说充满激情，你就一定能够在微商界脱颖而出。**

第3章 微演说的技巧与精妙

做任何事情都必须有结果，演说也是一样，没有结果的演说就是浪费听众和自己的生命。如何做一场有结果的演说？本章为大家介绍 4 种巧妙的方法。

3.1 演说要有追求

演说一定要有所追求，追求结果，追求成交，追求梦想。否则，你的演说是不具有任何意义的。演说，一定要有目标。

3.1.1 必须有结果

一切没有结果的演说都是在浪费自己的生命。最失败的演说是讲得太精彩而没结果，最成功的演说是讲得很平淡但有结果。演说比的不是谁讲得久、谁讲得精彩，比的是谁的追求和结果最高。很多人刚演说的时候安慰自己说这只是第一场，就算没结果也没什么，后面还会有很多的机会。对于演说来说，这是极其恶劣的想法，一旦你对自己追求的结果放松，水平就会极速下降！如果你一直没有追求结果，那么你的演说就基本不具有任何意义，浪费自己的生命，也浪费他人的生命。所以，**当你张开嘴巴准备讲的时候，你就要明确，你的演说一定要有结果**，否则你将被自己灭掉。

给自己定下目标，你出场演说要招多少代理，出场演说要收多少钱，演说一次要成交多少单产品，要影响多少人跟你干。演说者永远都要对数字有追求。

3.1.2 成交要靠胆量

成交明明是一件非常令人兴奋的事情，但是很多人却不敢成交，怕成交不了，怕丢人，话到嘴边又咽进去了，这是做演说非常忌讳的事情。没胆量说明自己内心不够富足，胆量来自你的见识和经历，因为你没有试过，没有做过，所以你没有胆量。你的回报与你的付出一定是成正比的。也许你第 1000 次演说会成交，那么你就需要 999 次的考验。如果你想在演说中彻彻底底地爆发自己，就需要你有浴火重生的精神！也许在这 999 次中，没有人支持你，没有人看得起你，甚至有很多人骂你。但是你要在心底坚定一个信念：**在演说的世界中，没有天才，练习的次数决定成败！**

卖，是商业的根，抗拒卖的人都是不入流的人，高手没有不卖的，真正的高手卖的时候，你花钱都会觉得花得很舒服，这就是一种境界。从你有胆量做成交，到你真的做到了成交，你会彻底迷恋上演说，你的生命也许这辈子都不可能离开演说，因为卖习惯了，总会有结果，不卖出结果是很难受的！

3.1.3　梦想要足够大

演说梦想一定要足够大，你的梦想越大，追求越大，成就就会越大。慢慢地，你的境界也会越高！所以你要把梦想不断地放大，不断地为自己加油、打气！假设一次 200 人的演说，在之前你可以成交 5 个人，那你就把下次演说的目标定在 50 人要跟你埋单；如果你可以成交 10 个，那你就把下次的目标定在 100 人跟你埋单。没有更高的追求，就没有更高的成就，当你的梦想足够大的时候，你要坚定地向着目标前行，不懈地为之努力！就算没有全部实现，实现一半也是好的。

3.2　能力从何而来

很多人很迷茫，觉得自己没有能力，不知道如何突破！提升能力的方法只有两个。

（1）被自己逼出来。

（2）被对手比出来。

这两种方法若运用到极致，你就一定会彻底跨越原本的自己！你要相信，只要努力，就有结果，一个人没有承受过痛苦和挫折，就一定不会有成功。有句话很经典：**若要人前显贵，必要人后受罪。**

3.2.1　被自己逼出来

想要成蝶，蛹就要破茧；想要重生，凤凰就要涅槃；想要成为演说高手，就要逼自己！有的时候我们在理想与现实之间犹豫不决，长期举棋不定，错过了很多大好时机。人生就是这样，想得再好，计划得再完美，如果不去行动也是毫无意义。许多人的梦想走不出梦境，其原因就在于缺乏义无反顾的决心。这个时候我们就应该主动切断退路，将自己置于死地，逼自己成功！

演说的世界只会看重你最后的结果，看你的演说能够震撼多少人。而你是如何达到这个结果的，无人问津。所以**要想取得成绩，你要做的，不是抱怨世界的不公平，更不是嘲笑自己的能力微薄，而是勇敢地站起来，狠狠地虐待自己一次！**

有一天，龙虾与蟹在深海中相遇。蟹看见龙虾正把自己的硬壳脱掉，露出了娇嫩的身躯。蟹非常紧张地说："龙虾，你怎么可以把唯一保护自己身躯的硬壳也放弃呢？难道你不怕大鱼一口把你吃掉吗？以你现在的情况来看，连激流也会把你冲到岩石去，到时你不死才怪呢！"

龙虾气定神闲地回答："谢谢你的关心，但是你不了解，我们龙虾每次成长，都必须先脱掉旧壳，才能生长出更坚固的外壳，现在面对的危险，只是为将来发展得更好而做准备。"

蟹细心思量一下，自己整天只知道找可以避居的地方，而没有想过如何令自己成长得更强壮，整天只活在别人的护荫之下，难怪永远都限制自己的发展。

每个人都有一定的安全区，你想跨越自己目前的成就，就不要画地为牢，要勇于接受挑战，充实自我，你一定会发展得比想象中更好。

演说常见的 5 大弊病。

（1）盲从。没有独立的思考，凡事听从别人。

（2）懦弱。迎难而退，拒绝挑战。

（3）惰性。别人让做就做，不知道主动做什么。

（4）盲目。没有任何目标。

（5）缺魄力。设定了目标不敢做，怕实现不了，瞻前顾后。

想要在演说中获得无限的能力，就要解决这些问题，你需要真正地逼自己一把！给自己设定一个短期目标，这个目标必须是你自己内心渴望达到的，每天督促自己，为了目标努力！摒弃你所有的懦弱和胆怯，奋力一搏！告诉自己成功和生命只能选择一样！要么死，要么成功！这样得到的结果一定能够让你自己都吃惊！

无论是在职场还是商场，无论是经理还是企业老总，无论是个人微商还是团队老大，我们在无限的机会与威胁中，都深深体验到改变的必要和困难。同时我们也非常清楚：**改变是痛苦的，不改变更痛苦！学习是昂贵的，不学习更昂贵！**

一个人如果不被逼，不被环境和理想逼，怎么可能生存得久、成长得快？逼自己，根本不是跟自己过不去，而是自己跟自己较量，从而收获一种战胜自我的快意和充实。逼自己经常会逼出许多意想不到的奇迹，正如背水一战，会反败为胜；奋力一搏，会出师告捷。逼过自己之后，我们可能会发现自己身上竟蕴藏着丰富的潜力，就如火山内部奔涌着沸腾的岩浆；我们也可能会由此发现一片可供自己大展身手的用武之地，使自己脱颖而出、锋芒尽露；我们还可能沉浸于事有所成的激动之中，面对自己的辉煌战果，俨然开天辟地的英雄！

3.2.2　被对手比出来

看一个人的身价，不是看他的朋友，而是看他的对手。同样，让一个人更加强大的不是别人，正是他的对手。**一个强大的对手，是我们意志消沉时的强心剂，是我们骄傲自满时的灭火器，更是鞭策我们前进的加速器。**想要取得演说最终的胜利，除了逼自己，另外的一个必胜绝招就是跟对手比，而且是最厉害的对手！

乔治·巴顿中校是美国陆军史上最优秀的坦克防护装甲专家之一。1988 年，巴顿接受了研制 M1A2 型坦克防护装甲的任务。这是一种新型的高端武器，为了使研制出来的装甲性能更高、质量更好，巴顿请来了一位特别的帮手——麻省理工学院的工程师迈克·马茨。但巴顿请马茨来，并不是要他和自己一起做研究，而是要他来搞破坏。因为马茨是著名的破坏力专家，在军事领域，他们俩简直就是“死对头”。这种做法让身边的人感觉十分困惑。两人各带领一个研究小组，巴顿带的是研制小组，主要负责装甲的研制和防护；马茨带的是破坏小组，专门负责摧毁巴顿研制出来的装甲。

刚开始，巴顿研制出的装甲总能被马茨轻而易举地炸坏。每当坦克被炸坏后，巴顿就会找马茨交流，分析失败的原因，找寻问题的根源，为的是在下一次研制中寻找破解的方法。巴顿一次次绞尽脑汁地去设计，马茨一次次想方设法地去破坏，然后两人再商讨改进的方法。终于有一天，当马茨使尽浑身解数，甚至直接将高爆炸药裹在防护装甲上引爆也未能奏效时，巴顿当即兴奋地宣布：M1A2 型坦克防护装甲正式研制成功，它可以承受时速超过 4500 公里、单位破坏力超过 135 万千克的打击力度。直到现在，这种坦克防护装甲仍然是世界上最坚固的。巴顿与马茨这对“对手”，也因为这项发明而共同赢得了象征美国军事科研领域最高荣誉的紫心勋章。

事后，有记者问巴顿取得成功的秘诀时，巴顿笑着说：“我取得成功的一个重要原因，就是因为我有一个强大的对手。以强手为对手，是让自己取得成功最有效的捷径，如果成功有捷径的话。”事实证明，巴顿的选择是正确的，因为他的聪明和睿智，把最强大的对手变成了最好的助手，从而获得了巨大的成功。

朋友给我们带来的是微小的帮助，而对手给了我们强大的动力。当我们棋逢对手时，输赢早已置之度外，心中所想的是如何融入其中，以庄严认真的态度走好每一步，这带给我们的力量是非凡的。没有夫差就没有勾践，没有项羽就没有刘邦，所有的能力都是逼出来的！

孟子曾说过："生于忧患，死于安乐。"没有对手的挑战，我们就不会进步，所以你要给自己不断地找对手，找圈子里最强的对手，逼自己超过他！如果你的对手是柏拉图，那么你的思维水平和能力将会了不得！

要想成为演说的高手，用你的演说在微商界崛起，那就从此刻开始，狠狠地逼自己，找最厉害的竞争对手，给自己设定一个强大的目标，大声告诉自己，不达目的绝不罢休！

现在开始，立刻为自己找一个强大的对手，想尽一切办法，超越他！

3.3　打造无懈可击的自我介绍

微演说的自我介绍就是讲自己的故事，讲自己生命中最深刻的故事。演说的魅力，来自讲故事的魅力，演说就是讲故事。讲故事的功力就是演说的功力。演说先要有胆。我敢，就已经超越了 90% 的人。对手就是不敢。回忆一生中最感动的一个故事，比如，最快乐，最伤心，最难过，这些都能打动人心。百万富翁会演说并且会在台上卖产品，一定有机会变成千万富翁！

3.3.1　4 种常用的开场白

要做，就做一名高明的演说者，为自己打造经典的无懈可击的自我介绍，所有的销售演说均来自自我介绍，但**凡谦卑的语言对演说者来说都是不可取的，对得住听众就是最好的谦卑。上台不要谦虚，要让人知道你为什么要跟他讲话，谦卑对不起观众，必须无比强大，语起惊天地，话落泣鬼神，我不管你在外多牛，只知道，我在我的圈子里最牛！开始就要震住全场！把开场白做到极致**！起码要有一种效果：瞪大眼，清空耳朵，听我讲话。

1. 结果型问句

结果型问句的根本意义在于把你的听众想要的结果，通过问句表达出来。你循着听众的意愿给他最想要的结果。最终的结果就是成交。

举例：

你渴望一辈子都受人尊敬吗？

你渴望一开口就能创造收入吗？

你渴望自己的产品卖疯吗？

你渴望合伙人招到爆棚吗？

你渴望一辈子都活在掌声鲜花中吗？

……

下面我就和大家分享开口就能创造收益的五大绝招。

2. 用故事开头

用 30 秒左右讲一个扣人心弦的故事，呈现出一种不可思议的结果。笑话、寓言、自己的经历、客户故事，让现场的人全部掉进你的故事情节中，从故事中领悟到你要传递的能量。

举例：

万人迷微商特训营有这样一个普通的姑娘，大学还没有毕业，为了向家人证明自己，借钱 10 万元从事微商。身边的人都说她疯了。但仅仅 4 个月的时间，她的月收入就突破 20 万，1 年时间团队人数破 2000 人，月流水突破 1000 万。2016 年，她送给自己一辆玛莎拉蒂作为生日礼物，这个人就是 2 期学员秋子。我今天为大家分享她是如何做到的，有兴趣听一听吗？那就让掌声响起来。

凸显对比，要的是故事中结果的震撼性，要讲过去和现在最大的不同。

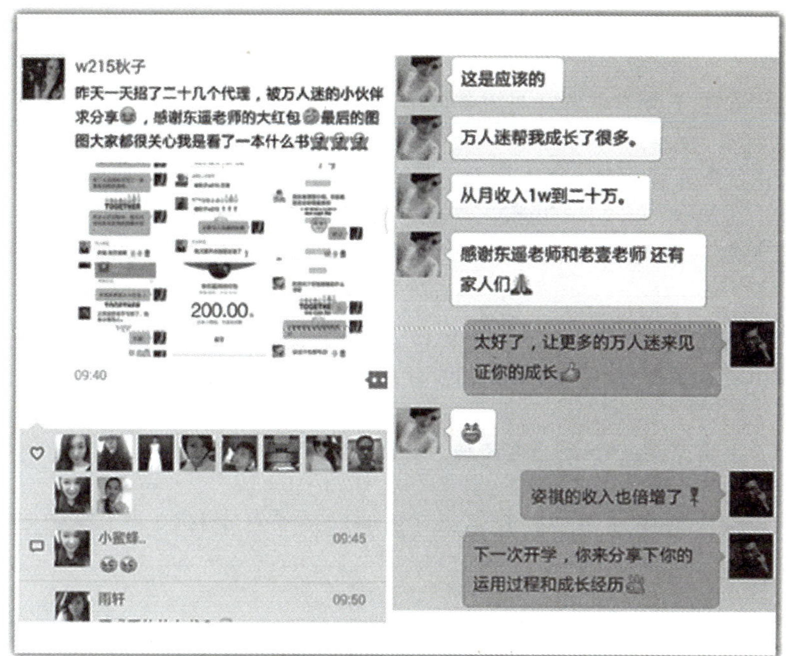

3. 名言警句开场

名言警句都是经过很多人见证过的，是真正能让人震撼、能改变人们观念的话。我们演说时可以巧用名言警句，这样就等于用伟大的名人影响听众。当然，最终我们还是要用自己的方式行走世界。所以不可总是掉书袋，要学会“拿来主义”，懂得怎么把别人的东西变成自己的东西。当然，要确保拿过来的不犯法，不触犯道德。

4. 塑造型问句

塑造型问句就是要塑造巨大的反差和对比，从最低谷到最巅峰，从什么都没有到什么都有。听众听到就立刻会“哇”。利用强大的对比与反差产生巨大的魅力，让听众心生疑惑，完全不理解为什么有这么大的改变。很多人不知道如何讲。你可以回忆自己现在最得意的 5 个方面，再回忆这 5 个方面曾经有多惨、有多差。

举例：

（1）在半年前不敢在公共场合讲话，现在每周有两次公众演说。

（2）5个月前独自一个人创业，目前一群人跟着打拼。

（3）做微商1年前囤了一屋子货不会卖，现在团队人数过百，月流水破百万。

（4）之前不敢讲话，口中无词，现在可以面对千百人团队做分享。

（5）之前只是一个普通的宝妈，现在是大家心中的创业女神。

对比一定要讲结果，听众渴望了解曾经一个什么样的人，是如何变成现在这个样子的。

你可以从几个关键点切入：收入、团队、客户、人生改变。

举例：

（1）有多少人渴望了解曾经一个月收入仅3000元的小伙子，是如何做到现在月收入轻松破50万的？（收入）

（2）有多少人渴望了解曾经连三五个人的小团队都不会管理的创业者，是如何仅仅1年时间就做到百人团队协同作战的？（团队）

（3）有多少人渴望了解曾经一个只能服务低端客户还被人冷眼相看的创业者，是如何做到现在能不断拥有高端客户的？（客户）

（4）有多少人渴望了解曾经平凡得不能再平凡、见到女孩子都会脸红的技术宅男，是如何做到现在能站在千百人舞台分享，成为大家心目中的微营销高手的？（人生改变）

所有一开口就能收钱的演说家，几乎都会熟练地运用塑造型问句。它的魅力就在于让所有人都发出“哇”的尖叫声。极致的对比体现的是巨大的落差，对比是精髓中的精髓。当初有多烂，现在有多好！你的落差有多大，观众的“哇”声就多大！很多人说我没成就怎么办？那就多讲讲自己的改变。我有一个学生，她是这样讲的：“曾经我是一个有着强烈抑郁症的宝妈，甚至想过跳楼自杀，自从接触微商后，我慢慢找到了自己，实现了自我价值，让我再一次地自己瞧得起自己，让我彻底地摆脱了抑郁，正面地看待这个世界。”**亲身经历的改变是最能触动听众心灵的，它比数字结果更有震撼力，因为每个人最痛苦的经历才是塑造自己最大的财富。**

3.3.2　好的开始是成功的一半

好的开始是成功的一半。无论你准备了多么牛的内容，开始的 3 分钟都非常重要，**一次高明的销售演说，开口的第一句话就开始成交**，很多人不明白这个道理，错失了良机。更有人不屑于这小小的开场白。可它把握着你接下来所讲的每一句的命脉。打个比方，在大街上很多人在围观，你可能出于好奇心也上前观看，而你要不要继续观看下去，取决于你第一眼看到这个事物的兴趣度。听众也不例外，他要不要听下去，取决于演说者留给他的第一印象是怎样的。你需要很用心地准备你的开场白。一个好的开场白，一开始就应该用最简单干净的语言、最有格调的方式和性价比最高的时间将听众的注意力牢牢抓住。从而把控现场的气氛，为接下来的演说做好最精彩的铺垫。

我们把演说比作作秀，你一出场，就要让听众感受到你的快乐、你的震撼、你的创意、你的与众不同。所以如果我们有 10 分钟的开始时间，最有价值的比例分配应该是这样的：塑造型问句 1 分钟，自我介绍最感人的故事 2 分钟，制造需求塑造价值 4 分钟，成交 3 分钟。塑造型问句注重的是我们塑造的价值。

演说要和自己的产品挂上关系，把它和你的事业联系上。告诉别人你是谁，你为什么要从事这个事业，你的事业要做多大，你的梦想是什么，你的使命是什么，这一切都源自你的故事。我为什么要做互联网导向产品，每一个故事都有它的责任，那就是为了销售产品。最终强调对比，不买有多痛苦，买了有多快乐。

3.3.3 将“坏”变“好”

那些会说的人，总会令人羡慕，他们讲话时常会运用很多的技巧，但真正称得上讲得好的，不仅仅表达技巧要好，还要言之有物、道理深刻。

绝大多数人更喜欢充满正能量的人和事物，因为正能量能够鼓舞人心，让人感觉充满力量。所以，**做演说，要先学会做一个正能量的人**。正能量的人就要讲正能量的话。讲出来的话，可以让听众瞬间充满力量，在心底给自己加油、打气，即使你说的本身是一件坏事。

要想释放自己的正能量，首先你自己要是一个充满正能量的人。正能量不能虚构，不能生产，也不能购买，它是源自人心中的一种积极的能量，如果你发现你暂时心中没有正能量，那就需要你自己去培养，你可以去接触一些正能量的人，接触一些积极的人，试着把自己心中所有消极的思想全部都变得积极，务必把自己变成一个正能量的人。**每个人心中都有正能量，只是有些可能被我们生活中的许多琐事烦恼给掩埋了，这就需要我们去挖掘，不断地释放自己心中的正能量，去感染听我们讲话的每一个人，将正能量传递到我们走过的每一个角落**。

正能量就是当问题出现时，不是一味地责怪，而是在第一时间寻找解决办法。没有任何一丁点儿的悲观，即使自己没有那么乐观，但是讲给别人的话，也是充满正能量的，这样你就赢了。也就是一切不那么好的事，通过你的嘴，都变成了好事。这是我们做演说中非常重要的一点。

很多微商小伙伴、团队长不断地教大家如何做，但到落实的时候自己什么都不做，结果东西卖不动，就责怪自己身边的一切。不从自身找原因，这样的人是非常不讨人喜欢的。充满了负能量，会让很多人产生厌烦心理。

当我们学会传递正能量的时候，我们本身就会变得阳光、开朗，充满力量。演说是为了得到认可，在演说的一开始，我们就要将听众认为不好的事情，通过正能量的语言全部变成好的事情。要有好的结果，一定要充满正能量。

下面为大家分享来自乔布斯在斯坦福大学的一段非常精彩的演说《如果你把每一天都当作生命中最后一天去生活的话，那么有一天你会发现你是正确的》。当时，他已经是癌症晚期：

我今天很荣幸能和你们一起参加毕业典礼，斯坦福大学是世界上最好的大学之一。我从来没有从大学中毕业。说实话，今天也许是我的生命中离大学毕业最近的一天了。今天我想向你们讲述我生活中的三个故事。不是什么大不了的事情，只是三个故事而已。

第一个故事是关于如何把生命中的点点滴滴串联起来。

我在 Reed 大学读了 6 个月之后就退学了，但是在 18 个月以后——我真正地做出退学决定之前，我还经常去学校。我为什么要退学呢？

故事要从我出生的时候讲起。我的亲生母亲是一个年轻的、没有结婚的大学毕业生。她决定让别人收养我，她十分想让我被大学毕业生收养。所以在我出生的时候，她已经做好了一切准备工作，能使得我被一个律师和他的妻子所收养。但是她没有料到，当我出生之后，律师夫妇突然决定想要一个女孩。所以我的养父母（他们还在我亲生父母的观察名单上）突然在半夜接到了一个电话："我们现在这儿有一个不小心生出来的男婴，你们想要他吗？"他们回答道："当然！"但是我亲生母亲随后发现，我的养母从来没有上过大学，我的养父甚至从没有读过高中。她拒绝签这个收养合同。只是在几个月以后，我的养父母答应她一定要让我上大学，她才同意。

在 17 岁那年，我真的上了大学。但是我很愚蠢地选择了一个几乎和你们斯坦福大学一样贵的学校，我养父母是蓝领阶层，他们几乎把所有积蓄都花在了我的学费上面。在 6 个月后，我已经看不到其中的价值所在。我不知道我想要在生命中做什么，我也不知道大学能帮助我找到怎样的答案。但是在这里，我几乎花光了我养父母一辈子的积蓄。所以我决定退学，我觉得这是个正确的决定。不能否认，我当时确实非常害怕，但是现在回头看看，那的确是我这一生中最棒的一个决定。在我做出退学决定的那一刻，我终于可以不必去读那些令我提不起丝毫兴趣的课程了。然后我还可以去修那些看起来有点儿意思的课程。但是这并不是那么罗曼蒂克。我失去了我的宿舍，所以我只能在朋友房间的地板上面睡觉，我去捡 5 美分的可乐瓶子，仅仅为了填饱肚子。在星期天的晚上，我需要走 7 英里的路程，穿过这个城市到 Hare Krishna 寺庙（注：位于纽约 Brooklyn 下城），只是为了能吃上饭——这个星期唯一一顿好一点的饭。但是我喜欢这样。我跟着我的直觉和好奇心走，遇到的很多东西，此后被证明是无价之宝。让我给你们举一个例子吧：Reed 大学在那时提供也许是全美最好的美术字课程。在这个大学里面的每张海报、每个抽屉的标签上面全都是漂亮的美术字。因为我退学了，没有受到正规的训练，所以我决定去参加这个课程，去学学怎样写出漂亮的美术字。我学到了 san serif 和 serif 字体，我学会了怎么样在不同的字母组合之中改变空格的长度，还有怎么样才能做出最棒的印刷式样。那是一种科学永远不能捕捉到的、美丽的、真实的艺术精妙，我发现那实在是太美妙了。当时看起来这些东西在我的生命中，好像都没有什么实际应用的可能。但是 10 年之后，当我们在设计第一台 Macintosh 电脑的时候，就不是那样了。我把当时我学的那些东西全都设计进了 Mac。那是第一台使用了漂亮的印刷字体的电脑。如果我当时没有退学，就不会有机会去参加这个我感兴趣的美术字课程，Mac 就不会有这么多丰富的字体，以及赏心悦目的字体间距。

那么个人电脑就不会有现在这么美妙的字形了。当然我在上大学的时候，还不可能把从前的点点滴滴串联起来，但是当我 10 年后回顾这一切的时候，真的豁然开朗了。要再次说明的是，你在向前展望的时候不可能将这些片段串联起来，你只能在回顾的时候将点点滴滴串联起来。所以你必须相信这些片段会在你未来的某一天串联起来。你必须相信某些东西：你的勇气、目的、生命、因缘。这个过程从来没有令我失望（let me down），只是让我的生命更加与众不同而已。

我的第二个故事是关于爱和损失的。

我非常幸运，因为我在很早的时候就找到了我钟爱的东西。Woz 和我在 20 岁的时候就在父母的车库里面开创了苹果公司。我们工作很努力，10 年之后，这个公司从那两个车库中的穷光蛋发展到了超过 4000 名雇员、价值超过 20 亿的大公司。在公司成立的第九年，我们刚刚发布了最好的产品，那就是 Macintosh。我也快要到 30 岁了。在那一年，我被炒了鱿鱼。你怎么可能被你自己创立的公司炒了鱿鱼呢？嗯，在苹果快速成长的时候，我们雇用了一个很有天分的家伙和我一起管理这个公司，在最初的几年，公司运转得很好。但是后来我们对未来的看法发生了分歧，最终我们吵了起来。当争吵不可开交的时候，董事会站在了他的那一边。所以在 30 岁的时候，我被炒了。在这么多人的眼皮下我被炒了。在而立之年，我生命的全部支柱离自己远去，这真是毁灭性的打击。在最初的几个月里，我真是不知道该做些什么。我把从前的创业激情给丢了，我觉得自己让与我一同创业的人都很沮丧。我和 David Pack、Bob Boyce 见面，并试图向他们道歉。我把事情弄得糟糕透顶了。但是我渐渐发现了曙光，我仍然喜爱我从事的这些东西。苹果公司发生的这些事情丝毫没有改变这些，一点儿也没有。我被驱逐了，但是我仍然钟爱它。所以我决定从头再来，我当时没有觉察，但是事后证明，被苹果公司炒鱿鱼是我这辈子发生的最棒的事情。因为，作为一个成功者的极乐感觉被作为一个创业者的轻松感觉所代替，这让我对任何事情都不那么特别看重。这让我觉得如此自由，进入了我生命中最有创造力的一个阶段。在接下来的 5 年里，我创立了一个名叫 NeXT 的公司，还有一个叫 Pixar 的公司，然后和一个后来成为我妻子的优雅女人相识。Pixar 制作了世界上第一个用电脑制作的动画电影——《玩具总动员》，Pixar 现在也是世界上最成功的电脑制作工作室。在后来的一系列运转中，苹果收购了 NeXT，然后我又回到了苹果公司。我们在 NeXT 发展的技术在苹果的复兴之中发挥了关键的作用。我还和 Laurence 一起建立了一个幸福的家庭。我可以非常肯定，如果我不被苹果炒鱿鱼的话，这其中一件事情也不会发生的。这个良药的味道实在是太苦了，但是我想病人需要这个药。有些时候，生活会拿起一块砖头向你的脑袋上猛拍一下。不要失去信心。我很清楚唯一使我一直走下去的，就是我做的事情令我无比钟爱。你需要去找到你所爱的东西。对于工作是如此，对于你的爱人也是如此。你的工作将会占据生活中很大的一部分。你只有相信自己所做的是伟大的工作，你才能怡然自得。如果你现在还没有找到，那么继续找，不要停下来，全心全意地去找，当你找到的时候你就会知道的。就像任何真诚的关系，随着岁月的流逝只会越来越紧密。所以继续找，直到你找到它，不要停下来！

我的第三个故事是关于死亡的。

当我 17 岁的时候，我读到了一句话："如果你把每一天都当作生命中最后一天去生活的话，那么有一天你会发现你是正确的。"这句话给我留下了深刻的印象。从那时开始，过了 33 年，我在每天早晨都会对着镜子问自己："如果今天是我生命中的最后一天，你会不会完成你今天想做的事情呢？"当答案连续很多次被给予"不是"的时候，我知道自己需要改变某些事情了。"记住你即将死去"是我一生中遇到的最重要箴言。它帮我做了生命中重要的选择。因为几乎所有的事情，包括所有的荣誉、所有的骄傲、所有对难堪和失败的恐惧，这些在死亡面前都会消失。我看到的是留下的真正重要的东西。你有时候会思考你将会失去某些东西，"记住你即将死去"是我知道的避免这些想法的最好办法。你已经赤身裸体了，你没有理由不去跟随自己的心一起跳动。大概一年以前，我被诊断出癌症。我在早晨 7 点半做了一个检查，检查清楚地显示我的胰腺有一个肿瘤。我当时都不知道胰腺是什么东西。医生告诉我那很可能是一种无法治愈的癌症，我还有 3 ～ 6 个月的时间活在这个世界上。我的医生叫我回家，然后整理好我的一切，那就是医生准备死亡的程序。那意味着你将要把未来 10 年对你小孩说的话在几个月里面说完；那意味着把每件事情都搞定，让你的家人会尽可能轻松地生活；那意味着你要说“再见了”。我整天和那个诊断书一起生活。后来有一天早上我做了一个活切片检查，医生将一个内窥镜从我的喉咙伸进去，通过我的胃，然后进入我的肠子，用一根针在我的胰腺上的肿瘤上取了几个细胞。我当时很镇静，因为我被注射了镇定剂。但是我的妻子在那里，后来告诉我，当医生在显微镜底下观察这些细胞的时候他们开始尖叫，因为这些细胞最后竟然是一种非常罕见的可以用手术治愈的胰腺癌症。我做了这个手术，现在我痊愈了。那是我最接近死亡的时候，我还希望这也是以后的几十年最接近的一次。从死亡线上又活了过来，死亡对我来说，只是一个有用但是纯粹是知识上的概念的时候，我可以更肯定一点地对你们说：没有人愿意死，即使人们想上天堂，人们也不会为了去那里而死。但是死亡是我们每个人共同的终点。从来没有人能够逃脱它。也应该如此。因为死亡就是生命中最好的一个发明。它将旧的清除，以便给新的让路。你们现在是新的，但是从现在开始不久以后，你们将会逐渐地变成旧的，然后被清除。我很抱歉这很戏剧性，但是这十分真实。你们的时间很有限，所以不要将它们浪费在重复其他人的生活上。不要被教条束缚，那意味着你和其他人思考的结果一起生活。不要被其他人喧嚣的观点掩盖你真正的内心的声音。还有最重要的是，你要有勇气去听从你直觉和心灵的指示——它们在某种程度上知道你想要成为什么样子，所有其他的事情都是次要的。当我年轻的时候，有一本叫作《整个地球的目录》的令人振聋发聩的杂志，它是我们那一代人的《圣经》之一。它是一个叫 Stewart Brand 的家伙在离这里不远的 Menlo Park 书写的，他像诗一般神奇地将这本书带到了这个世界。那是（20 世纪）60 年代后期，在个人电脑出现之前，所以这本书全部是用打字机、剪刀还有偏光镜制作的。有点儿像用软皮包装的 Google，在 Google 出现 35 年之前：这是理想主义的，其中有许多灵巧的工具和伟大的想法。

Stewart 和他的伙伴出版了几期的《整个地球的目录》，当它完成了自己使命的时候，他们做出了最后一期。那是在 20 世纪 70 年代中期，你们的时代。在最后一期的封底上是清晨乡村公路的照片（如果你有冒险精神的话，你可以自己找到这条路），在照片之下有这样一段话："保持饥饿，保持愚蠢。" Stay Hungry. Stay Foolish. 这是他们停止发刊的告别语。"保持饥饿，保持愚蠢。" 我总是希望自己能够那样，现在，在你们即将毕业，开始新的旅程的时候，我也希望你们能这样：

保持饥饿，保持愚蠢。

非常感谢你们。

3.3.4 让缺点变成"笑"话

自暴劣势，顾名思义，就是自己嘲笑自己，用比较诙谐幽默的方式做自我介绍，是一种十分高明的开场方式。它会瞬间在潜移默化中拉近与听众之间的距离感，会让大家觉得你十分具有亲切感。

绝大多数人都想要把自己最好的一面呈现给别人，希望得到他人的赞赏和肯定。很少有人会自暴劣势，让自己丢人。而真正自信的人，不会在乎偶尔在听众面前调侃自己，因为这根本不会有什么。

一个善于调侃自己的人，会给人一种谦逊、亲近、幽默的感觉。而一个有成就的人善于调侃自己，一定会有更大的成就。

我在很多演说场合中这样开头：

很多朋友会问我，你的微商事业做到现在这么好的成绩，是什么动力一直在激励着你？我会告诉他，是因为在 2013 年我创业失败了，欠了一屁股外债，公司被迫关闭了，没钱没资源，只能选择做微商了，因为干这个，门槛低。

学会自嘲，这并不是贬低自己，而是非常智慧的开场方式。

3.4　演说的 2 大要素

一个好的演说者，除了演说的内容之外，还需要修炼身心。

3.4.1　能量

演说最重要的武器就是自信和能量，保持你的能量，自信就可以玩转很多东西。一个人不管做什么，如果没有自信和能量，就很难在事业上取得大成就，因为你没有能量，你就永远没办法到达能够引爆生命力的那个点。现在想一下，你是否希望你的成交很简单就可以玩转？是否希望只要上台讲话就有人自动地跟你埋单？是否希望你这一辈子走到哪里你的能量都可以让你释放出万丈光芒？只有拥有能量才能这么牛。看到这儿，你一定想要拥有生生不息的能量。怎样才能拥有强大的自信和能量？下面为你揭秘能够让你能量生生不息的 4 个绝密通道！

1. 注重健康

健康是一切永恒的根，所有人都必须当作人生的第一件大事来抓。没有健康的身体，你可以拥有能量吗？身体不健康就没有资格上台讲话，因为这样会让所有人跟你一样病怏怏的。如何保持我们的身体健康呢？平常我们可以做到 3 个最基本的保持健康的方法：饮食、运动、冥想。下面我们来详解一下。

良好的饮食习惯

饮食最重要的有两点：一是不乱吃；二是不多吃。

如果你一直保持着健康饮食，突然有一天吃了身体反抗的食物，你的身体会自然地启动报警系统，比如肥胖、恶心等。所以，一定要保持规律的饮食。

运动

运动要持续一辈子，人的身体健康和运动是有 100% 的关系的，没有运动，就没有能量。相反，能量越高，你的免疫力就越强，人的身体要是坏掉，就以下两个原因。

（1）外敌入侵。外敌包括外面的细菌、病毒，还有各种各样的感染。当你自身的免疫力变强，外敌就很难入侵，这样就很难得病。

（2）内部叛变。当我们自身的免疫力增强，身体内部也会防范得比较好，小的叛变，身体直接平乱！所以内部叛变也不容易，如果内部不叛变，很多病就不会来找你，典型的内部叛变包括癌症、心血管疾病、脑出血、心肌梗死。这些都是内部叛变导致的。

所以我们一定要提高能量，一定要运动，而运动的终极学问就是练气息，节奏掌握得好，呼吸调得匀，我们就不会感觉到累。早上起来跑步，我们一定要慢跑，20 分钟后你就会发现越跑越有劲，因此我们平常最少要运动 30 分钟，最好 45 ~ 60 分钟。运动就是掌握呼吸的学问。绝大多数人一般都是胸腔呼吸，而真正修气功的都是丹田呼吸，也就是腹式呼吸。所有的消化不良、便秘，腹式呼吸都可以改善。甚至可以改善很多人常见的失眠问题。更让人惊奇的是，腹式呼吸可以让我们变得更加聪明。如果我们呼吸得比较浅，就会导致我们的身体缺氧，接下来导致的就是疲劳。这也就是我们很多人经常会感到疲劳的原因。

我们必须练气，这样讲话的时候才会气足，演说的时候一定要用气，而不是用嗓子，用气讲才有穿透力，才能讲到人的心里。**演说者能连续讲三天、五天，嗓子不痛不哑的秘密也是使用了腹式呼吸。**练腹式呼吸的方法非常简单，十指交叉放在肚子上，吐气的时候肚子压回去，吸气的时候肚子突出来。这样反复练习，久而久之就会腹式呼吸了。这个习惯会让你健康一辈子。当你的脑袋供养充足，转速就会增加，就会变聪明，很多事情也会变得得心应手，随之就会充满能量。健康是呼吸的艺术。

冥想

很多人脑袋里经常会胡思乱想，这样冥冥之中就会出现很多问题。比如会导致失眠，导致心情糟糕，进而导致一系列疾病。这个时候就需要冥想了，冥想什么？冥想大自然，回归大自然。让你的世界静下来，你的意静、神静，心就会静。冥想是太极和瑜伽中最珍贵的一种技法，是实现入定的途径，一切真实的瑜伽冥想术的最终目的都在于把人引导到解脱的境界，制服心灵。通过冥想，能够使我们告别很多的负面情绪，重新掌控生活。所以**冥想会让我们越来越快乐，身体越来越健康，能量越来越强**。

2. 能量连接

第二个帮你建立强大的自信和能量的通道，就是能量的连接。**你想要充满能量，就需要跟高手连接**，跟那些充满能量的高手连接，这样他的能量就会流向你。一个人懂得和高手连接，他的能量就会迅速增长。当我很迷茫的时候，遇到了万人迷，被徐东遥老师充满能量的 60 秒成交术瞬间拿下。第一次听东遥老师的课，瞬间就连接了他无与伦比的能量。从那一刻，我做出了巨大的改变，今天我才能够自信地坐在电脑前写书。我变得强大，就是连接能量的巨大魅力所致！

高手有两种，一种是当世之高手，另一种是过世之高手。最厉害的高手一定会跟过世的高手连接，因为过世的高手是非常厉害的。**你要跟孔子连接，得他的仁爱；跟孟子连接，得他的浩然之气；跟成吉思汗连接，得他征服世界的能量；跟乔布斯连接，得他的改变世界的能量。**一旦连接，就会成就自己一辈子。不管是谁，只要他能传递给你能量，你就要和他连接。很多人会去求神灵满足自己的愿望，其实这并不是正确的做法，一切都是有因果的，你的孩子能否上得了好大学，取决于他之前付出了多少努力，跟你是否求神灵是没有任何关系的。

连接 3 种高手：连接伟大的企业家，连接伟大的政治领袖，接连伟大宗教领袖。连接了他们的能量之后，你一定会成为一位不得了的人物。

3. 融入大众

学会了融入，你将不再是一位普通的人物。融入的意思就是消失掉自己，最高的能量来自自我的消失。跟高手连接，叫作建立自我。融入叫作消失自我，当你自我消失的时候你的能量会再次剧烈地增加。例如，一滴水可以融入大海，你虽然看不见它了，但是它还在，只是你找不到它了，它融入了。所以人的最高境界，是融入、化掉，你要学水。一个人站在台上，他说我很厉害，其实他并不厉害，因为他有自我。

曼德拉站在南非的黑人堆里，他说：“各位，你们的贫穷就是我的贫穷。

你们的痛苦就是我的痛苦，你们的不自由就是我的不自由，所以我一辈子都会为了大家贫穷、痛苦、不自由努力，不惜任何代价。只要大家能不再贫穷，不再痛苦，能够自由，我甘愿为大家做任何事情。”那一刻，所有的南非人跟他是在一起的，他是融入的，他的能量是全南非的人，这叫作融入。而这种融入的能量是最不可思议的。

演说高手，最厉害的方法就是融入，这样才能够让我们有无与伦比的强大。凡有自我，就永远不会强大，但化掉自我，你就会无限强大。这种无限强大，没有边，没有境，更没有底。你想象不到它到底有多强大，但融入，就是这么强大！学会融入，让你的能量彻底爆发！

4. 做出成就

当一个人有了成就，他就不会没有能量！如果你每天激励一个人，但他 3 个月不出单，这个人会有能量吗？哪怕你不去激励，但他可以今天出张单，明天出张单，后天出张单，有没有成就？原地踏步，就是对生命的亵渎。不断地有成就，就会有生生不息的能量。不管你今天是做什么的，你都需要不断地拥有能量，每个人都必须进步！**你帮助的人一定要越来越多！你做的单一定要越来越大！你上台讲的场次一定要越来越多！你上台成交一定要越来越好！你上台收的钱一定要越来越多！你的成就一定要越来越大！**如果你一直没有进步，甚至你一直在退步，你的能量一定会越来越少。比如说一个老板，去年做了 1 个亿，今年做了 2000 万，他讲话会不会有底气？当然不会，因为他的事业在枯萎，他的能量也一定在枯萎。所以你的事业一定要生生不息地上涨，这样你的能量才会生生不息。你一定要不断地进步，不断地追求不可思议的目标，不断地刷新自己所有的纪录。没有创造能量的动能，没有这种强大的内功，你的能量不可能生长。当你的成就越来越大，你的能量就会越来越大，所以看到这儿，想要能量，就拿出纸和笔，认真地写下，你将准备创造什么新的成就！

3.4.2 逻辑，使用一二三列表

逻辑就是演说的眼睛，没有了眼睛，一切就都是一团黑。我们不仅要给自己一个清晰的逻辑，更要给听众一个清晰的逻辑。清晰明亮的逻辑不仅仅便于听众理解，记忆你所讲的内容，更有利于避免自己在演说时出现逻辑混乱、忘词的尴尬情景。很多时候我们不跟听众表明我们演说的逻辑，听众可能听到第一部分觉得自己不感兴趣，就不再继续往下听了，但是当我们清晰地展示出我们演说逻辑的时候，听众马上就可以知道我们演说的顺序，也许他们对我们的第一部分不感兴趣，但是对我们的第二部分感兴趣，也许对我们的第二部分不感兴趣，但是对我们的第三部分感兴趣。

关于演说的逻辑，我们强调凡事不过三。人的注意力都是有限的，事不过三，演说也要遵循这个逻辑，太多了啰唆，太少了意思表达不完全，所以最好的就是将其分为三部分，首先讲什么，其次讲什么，最后讲什么，将其列成一二三列表，让自己和听众都一目了然。

很多分享者从开口到结束都在滔滔不绝地讲，讲完后，自己感觉逻辑混乱，听众也并未有太大的收获，原因在于自己没有将分享的内容做好准备和总结。我就养成了一个习惯，凡事做总结，记录下来。把它们整理成体系架构，分享的时候让听众能从中间受益。

我在分享个人品牌塑造中会讲，今天我会从以下 3 个方面为大家分享如何快速打造自己的个人品牌，分别是：个人形象、个人故事以及个人标签。大家从一开始听就能够明白，哦，徐东遥要讲的是这三点，就已经在脑中有直观的认识。

当讲到个人形象的时候，我会继续使用一二三：关于个人形象，大家要注意以下 3 点，个人头像、朋友圈封面和个性签名。

个人故事我会从梦想、愿景、使命 3 个方面为大家讲解。

当讲到个性标签时我会讲：下面，我将会从内在标签、外在标签和学术标签 3 个方面为大家详细解答。

听众听我演讲的时候，会感知到我是有逻辑的，能立体地感知知识的结构，从而最大化地消化。至少，听完我演说的朋友们都是有收获的，他们会说，东遥老师讲的个人品牌塑造有哪三大点，每三大点会有哪三小点。比听一些记流水账式的分享的吸收率大得多。这也是我立志把微商教育做到底的原因，建立一套系统的知识架构，让学员们一定听了能记住，记下来就可以套用，做到简单、极致、有效地学习，产生最好的结果。

4

第4章

3 步设计万能演说稿的框架

演讲是一种讲解，演说是一种说服；演讲是一对多式的讲解，演说是一对多式的批发式销售。

会讲就会有名，会销就会有利，会演说就会名利双收。哪个大咖、明星、厉害的人物不会演说？各国的领袖、行业的翘首都会演说。现在微信上的讲师一抓一大把，每天都有各种各样的免费公开课，随便写个产品介绍书照着念，这也算演讲，要么就是到哪儿摘抄一些文案就开课了，最后发现每天讲的都是同样的内容，枯燥无味甚至连互动的人都没有。一开始满腔热血，后面发现讲的都是废话，一点儿都没有提升销量，反而听他讲的人越来越少，直到最后招商会开不下去还在埋怨团队约不来人，他不知道是**因为自己不会演说而导致无法成交。**因为不能够帮团队提升业绩，团队约人就没了动力，业务遇到“瓶颈”，自己也就讲不下去，开始迷茫了。

一场精彩的演讲如果没有成交、没有销售，只不过获得了一片掌声而已，那不叫结果，听众一转身有可能就会忘了你是谁。但是假如你的演说不但收了他的心，还收了他的钱，他不但不会忘记你，还会始终黏着你。

我不是全中国最会演讲的，也不是全中国普通话讲得最好的，我不是全中国最帅、最有影响力的老师，但我是通过销售演说创造效益的微商导师。一个连普通话都讲不标准、经常忘词的技术型创业者都可以通过销售演说创造非凡效益，我相信你也可以。并不是因为我幸运，而是因为我掌握了演说稿设计的秘诀。

帅气的发型、一身漂亮的服饰需要用心去设计，一场成功的演说也必须用心设计。设计演说稿需要分为以下 3 个步骤。

4.1 如何设计巧妙的开场

下面跟大家分享 6 种常用的开场方法。

4.1.1 让听众觉得自己很优秀

我时常在晚上与微商伙伴分享，我有一段常用的演说开场："各位微商伙伴大家好，你们知道吗？在这个时间段，有很多人可能都已经休息，或者在看电视、玩游戏，而我们选择坐在这里学习，大家是我见过的微商伙伴中最最热爱学习的朋友。你们一定是微商行业未来的团队领袖、业绩高手，让我们为自己美好的明天刷朵鲜花鼓励一下。"

这是一种让听众觉得自己很优秀的一种开场，听完之后大家觉得备受鼓舞。

4.1.2 故意留悬念让听众来揭秘

好奇是人的天性，每个人每天都期待揭秘他关心的事物背后的真相。

在微商、微营销的瓶颈期，可以有这样一段演说开场："大家有没有发现一种现象，现在微商越来越泛滥，竞争也越来越大，2013 年我们随便做做都能赚钱，2014 年我们刷刷朋友圈就收入不菲，而今天那些方法似乎都成了传统方法，很多人都已经遇到瓶颈，很多大咖几万人的团队瞬间瓦解，一些火爆的微商产品在慢慢地淡出市场，微商小白更是举步艰难，似乎每个微商都找不到未来，找不到方向。那么，2016 年微商到底该怎么做？大家想不想知道？想知道的刷朵鲜花或者来点掌声，我将为大家分享 2016 年最实用的微商运营方法。掌声越热烈分享就越彻底。"

这个开场白，会不会很有吸引力呢？这就是故留悬念的一种开场白，让谜底在所有人的兴奋的期待之后被揭开。

4.1.3　问简单问题让听众说是

一定要问那些让人非常容易回答的问题，切记，不要让这些问题阻碍对方思考，我们也把这些问题叫作"傻瓜问题"。**问问题是有技巧的，一定要问跟你产品好处或者是卖点有关系的问题。问对方简单容易回答的问题。**

比如："各位微商朋友大家好，很开心来到这里跟大家分享。那么希望接下来，通过我的分享，能够让你快速成为销售高手的挥挥手，希望老师全力以赴、毫不保留把销售的秘诀分享出来的再次挥挥手，希望通过今天的分享持续不断复制与裂变自己团队的请再次挥挥手。"

在这样一种开场白讲完之后，台下的小伙伴就会跟我们非常配合，为什么？因为我们问的问题都是他们心中想要的，都是跟你谈的好处和卖点有关系的，而且是对方容易回答的。

4.1.4　讲一个故事让听众领悟

到全国各地去分享的时候，我经常会用故事来开场。假如分享的主题是

“60 秒成交术”，我会讲这样一个故事：

我有一个学生，微商创业之路历经坎坷。终于有一天，她放下了一切，来跟我学习。有一堂课让她无比兴奋，她听完现场版后，把录音又反复听了 10 多次，终于，她又开始新的微商生涯。仅仅 1 个月的时间，从零开始，她的团队产生了 106 位直属，她在团队中又分享我的这堂课，子团队又裂变成为 308 人。这个人就是我的学生“激情姐”，让她如痴如醉的那堂课就是今天要分享的“60 秒成交术”。今天的课程希望大家不要记笔记，因为中间的智慧实在太多了，你记不过来的，我建议大家打开手机中的录音功能，把今天的分享录下来，回去重复收听，你的收获将远远大于在这里听一次分享。

下面所有小伙伴听完之后就非常兴奋，就会非常配合与关注这堂课，于是纷纷拿起手机，打开录音机，腾出双手不记笔记，配合我进入我打造的沸腾的情境。接下来我讲什么内容，他们已经把心打开了，就会比较容易接受。

4.1.5　明确一个观点一针见血

如果主办方给的时间很短，我建议大家用直接、有效、一针见血的开场方法：“感谢主持人，今天给大家带来的主题是：未来人人皆微商。有人说 2015 年微商会死光光，我的观点则截然相反，我认为**微商不但不可能死掉，反而会越做越好、越做越值钱，未来人人皆微商。**越来越多的人抱着手机生活，人在哪里，市场就在哪里，哪怕你还没有通过移动互联网卖货，甚至你厌恶那些微信中卖货的小商人，这不重要，如果你已经使用微信收钱付款，恭喜你，你已经有了微商的潜质。越来越多的人开始关注移动互联网营销，都希望通过手机找到新的创富之路；时代的进步将会倒逼各行各业的创业者使用移动互联网创业；一切简单易行、行之有效的营销方式都可以帮助我们赚到钱，未来人人皆微商。”

尽管社会各界对“微商”这个词有不同的认知，但不论它是褒义或者贬义，我们将自己的观点讲出来，都会有更多的人去关注它、去思考它，而后面我们再去做印证的时候，听众会更加用心地听完我们的分享。

4.1.6 反向思维引发听众思考

“各位，我调查一下，想学习微商创业的朋友举手示意一下。”这个时候肯定“唰”很多人都举手了，那紧接着我就说：“如果你认为微商创业可以帮助我们一夜暴富的话，不好意思各位你来错地方了。”听众一听，还来错地方了？怎么回事？接下来我又讲：“因为今天我跟大家分享的主题是如何成为一名优秀的微商领袖，既然是做领袖，那对我们的要求就不是普通人级别的，领袖可以给我们带来可观的收入、极致的影响力，但他一定不是一夜形成的，大家同意吗？”

这就是给听众一种错觉，用反向思维让听众感觉到你讲的是这个理儿。那样他就会彻底地将心门打开，接下来我们讲的话他就会更容易吸收。

以上 6 种开场方法都可以让大家瞬间吸引听众的注意力，并且期待你后面分享的内容，不论你在微信群中分享还是在 YY 语音中分享，甚至是在线下沙龙、聚会、产品说明会或者各类峰会中，**灵活运用这 6 种方法，稍稍进行改编与优化，套用在自己所在的情境中，都将会为你的演说增添无限色彩**。

4.2 如何进入演说的主题

开场之后，我们需要牵引出接下来的内容。比如：我今天跟大家分享的主题是演说稿的设计，那么演说稿的设计有 3 个核心：如何巧妙开场、如何设计框架、如何完美收尾。**每个核心都需要有故事或者一个事例去印证**。比如你要讲出听你的演说能给大家带来的好处。当你把几个核心列好了，就相当于把演说稿的框架给设计好了。那接下来要做的就是往里面填充内容，让它充实起来。一篇简单的演说稿就这样形成了。

我们该如何填充演讲稿的内容呢？最简单的方法就是讲故事。所有成功的演说高手，都一定是讲故事高手。为什么呢？因为人们往往不会对产品介绍感兴趣，但对故事通常比较感兴趣。当我们设计完主体框架，怎么往里面填充内容呢？这也是有诀窍的。下面跟大家分享 3 点需要注意的地方。

4.2.1　拟定反对意见解决客户抗拒

什么是反对意见，怎样列出客户的反对意见，怎样解除对方的抗拒点呢？我们也用一个故事跟大家剖析一下。

我有一个学生在销售酵素的时候，会把客户的反对意见一个个全部列出来，比如客户会问会不会没有效果、到底安不安全等一系列有可能不埋单的问题，这就叫作抗拒点。那么她是如何用讲故事的方法来提前解决掉对方的抗拒点的呢？

很简单，她讲一个真实的客户案例。她有一个客户，得知她在销售酵素类的产品，就一直关注她的朋友圈，尽管客户看到了很多朋友圈中的客户见证，但还是有很多很多疑问，并且经常通过微信一对一地发给她，请她解答，包括公司资质、原料安全、使用方法等，她把这些和客户的聊天记录都搬出来给新的客户来看，并且告诉客户，你可以去官方网站以及相关的权威资质网站上去查看一下相关的信息。

经过各种考察，客户最后发现产品是正规大公司生产的，各方面都符合国家的标准。我的学生以为客户马上就会来购买她的产品。

可那次之后就再也没音讯了，后来才知道，客户还是不太相信产品效果。客户花了大量的时间和金钱去各家医院看，但都没有办法将她的病症根除。无奈之下，客户决定找我的学生试一试，看看她的产品到底有没有效果，试完之后，看着自己体内排出的乌黑恶心的毒素，她激动得不得了！她根本顾不上一个女人的羞涩，立马拍照为这个产品代言，她连续用了两盒，彻底根除了自己的病症。

就是这样，用一个真实的故事就解决了客户的抗拒点。

当你讲完这个故事，把对方的抗拒点提前解决掉的时候，对方就会一直点头。他的抗拒点就会在不知不觉当中被你化解。再送给大家一句话：**在对方没有提出反对意见之前解释，跟提出反对意见之后解释是完全不一样的效果**。

4.2.2 讲出产品的好处和独特卖点

其实人人都会讲故事，那接下来就是如何用讲故事的方法讲出你产品的好处与独特卖点。每个人都对自己的产品特别了解。因为觉得自己的产品很好，有独特卖点才会对产品特别有信心，才会去选择销售这款产品。其实我们身边有很多跟自己产品有关的故事，我们只需要用心地去发现、去收集。这些故事能够体现出你产品的卖点和好处就可以了。但是，一定要记住，要么讲真实的故事，要么讲自己使用过程中获取的好处，要么讲某位大家熟知的名人使用后的好处，要么讲自己身边人的故事，切不可乱编造故事。

关于讲产品的好处和独特卖点，我们应该向直销行业的朋友学习，特别是在销售日常生活用品和一些保健品的时候，他们经常会说：“某某保健粉我是出行必备，不仅仅可以在日常生活中提升我的精气神，还可以在我被蚊虫叮咬时涂抹一下，马上就不痒了。上次我的腿碰破了皮，流着血，我把它敷上马上就止血了，第二天就结痂了。你的那个闺蜜某某也一直在用，不仅如此，某某明星也在使用。”

这段话术是不是很熟悉呢？他**将自己的故事、身边人的故事、明星的故事三合一地变成了一系列的客户见证**，把产品的卖点一一表达出来。尽管你会接触到这些话术，但并不会感觉到是硬性推销，反而会认为证据很强有力，无法否认产品的功效。

4.2.3　不跟你合作对方将有何损失

在演说中，你一定要提出，客户为什么一定要向你买或者为什么一定要跟你合作，不跟你合作他将失去什么。你也可以用讲故事的方法，讲出对方假设不跟你合作，那么他将失去第一条、第二条、第三条、第四条，就是把他的痛苦给讲出来。比如，如果你错失这一次机会，你将丧失一次非常宝贵的翻身机会；你的人脉将会被竞争对手抽空；你的产品将失去最广泛的销路；你将失去一个中国最具有潜力的销售团队，并且他们还不需要你发工资；你将继续每个月多花几十万元却带动不了销售。这就是把他不向你购买或者不跟你合作将失去什么、损失什么，各种痛点一一列出来，然后用讲故事的方法讲给他，让他通过你讲的故事得出这样的结论：原来我们不合作我会有这么多的痛苦。这一个环节非常有效，也非常重要，当人觉得痛苦的时候就会逃避痛苦，这时候就会想方设法地向你购买或者跟你合作。

4.3　如何设计演说稿的结尾

完美结尾的主要目的是提醒听众回顾要点、帮助听众强化记忆。我为大家分享一下自己常用的比较成功的一些演说结尾的方法。

4.3.1　讲一个发人深省的故事

我在万人迷微商特训营中有这样一堂课：快速打造个人品牌。

万人迷微商，顾名思义，就是希望所有的学员能够由内而外地绽放，做一个可以迷万人的微商。所以，个人品牌打造这堂课非常重要，我每次在讲完这堂课的时候，都会用以下这个故事来结尾：

曾经，有一个人为了得到美丽的蝴蝶，便买来一双跑鞋和一只网子，追逐奔跑了很久。他终于在气喘吁吁、满头大汗时抓到几只。可是蝴蝶在网子里恐惧挣扎，丝毫没有美丽可言，一有机会，蝴蝶就会飞走。这就是我们大部分人在做的事情，叫"努力地追求"。

另一个人也很喜欢蝴蝶，他买来几盆鲜花放在窗台，然后静静地坐在沙发上品着香茗……很快，他望着蝴蝶翩翩而来，心情犹如吸蜜一样，这就叫作"吸引"。

你若盛开，蝴蝶自来；你若精彩，天自安排。一切向内求变，你变了，你的世界就变了。

带着这样的心境，特别能读懂"你若盛开，蝴蝶自来"。做好自己，一切美好，都会随之而来……

各位小伙伴，你盛开了吗？你开始吸引微友主动添加你了吗？这是做微商最轻松快乐的方式！

每次讲完这一段故事，原本枯燥的演说都会因这个故事而带来了生机，台下都会响起热烈的掌声，**再多的道理，都不如一则形象比喻的故事发人深省**。

4.3.2 讲一段慷慨有力的名言

用哲理名言、警句做结尾。这种结尾方式，是通过引用名言、警句、谚语、格言等作为结尾，这样不仅使语言表达得精练、生动、富有节奏和韵律，而且还可以使演说的内容丰富充实，具有启发性和感染力，同时还可以给人一种生动活泼、别开生面之感。比如：

毅力是攀登智慧高峰的手杖，毅力是漂越苦海的舟楫，毅力是理想的春雨催出的鲜花。朋友，或许你正在向成功努力，那么，运用你的毅力吧。这法宝可以推动你不断地前进，可以扶持你度过一切苦难。记住：顽强的毅力可以征服世界上任何一座高峰！（狄更斯语）

用名言式结尾，能给演讲者的思想提供有力的证明，增加演说的可信度，显得更加优美、含蓄、睿智、大气，具有较强的说服力和鼓舞作用。

4.3.3 以一段文雅的诗词结尾

在一场年会中，一位嘉宾的演说结尾深深地印在了我的脑海之中，她用了一首诗词来结尾，背诵这短短 4 句诗词时非常铿锵有力：

在最后，我送大家一首诗：白日依山尽，黄河入海流。欲穷千里目，更上一层楼！

当时整个现场掌声跌宕起伏，将整个会场推向了高潮。所以有时候适当地用一些诗词来作为自己演讲的结尾，也是一种很好的方法。

4.3.4 以幽默搞怪的方式结尾

用幽默、风趣的语言结尾。除了某些较为庄重的演讲场合外，利用幽默结束演讲可为演讲添加欢声笑语，使演讲更富有趣味，令人在笑声中深思，并给听众留下一个愉快的印象。

我在演说时有两个幽默搞怪的方式。

一种用在上场的时候。因为每次分享的环境不同，有些听众对自己熟悉，有些对自己陌生，也有些对主办方比较陌生，会出现冷场的环节，这个时候，我们必须马上使场面“热”起来，从而拉近和听众之间的距离。

遇到这种冷场的情况我会说两句话：“人还没上场，掌声就熄火了……”

在谈笑间假装出一副很无奈的样子，这时台下的听众笑了，马上就自然而然地有了掌声，随后我会再跟上一句话："感谢大家稀稀拉拉的掌声……" 台下哄堂大笑，掌声开始整齐划一。

另一种用在结束时。我把我分享的过程叫作"烧脑"，意思是我分享过程中"干货"很多。很多听众在我讲的时候会去记笔记，结果把手给占用了。当我分享完毕，结尾的时候，为了调动起现场的气氛，我会很简单地说："呃，讲完了，此处可以有掌声了。"或者"讲完了，可以无笑点，但一定要有掌声"。

这种紧扣话题的传神语言与神态结合表演，惟妙惟肖，天衣无缝，总能赢得现场听众的热烈掌声和欢笑声！

演说的幽默式结尾方法是不胜枚举的。关键是演说者要具有幽默感，并能在演说中恰如其分地把握住演说的气氛和听众的心态，使演说结束语收到**余音绕梁三日不绝**的轰动效应。

同时，演说者利用幽默结束演讲时，要做到自然、真实，使幽默的动作或语言符合演讲的内容和自己的个性，绝不要矫揉造作、装腔作势。否则只会引起听者的反感。

4.3.5 提出你的诉求要求成交

真正的销售演说到最后一定要呼吁听众去行动。让听众按照你的分享方法去做是一种行动，让听众为了解决自己的问题购买你的产品也是一种行动，让听众找到创业的方向成为你的合作伙伴同样是一种行动。为什么说销售演说是批发式销售，因为我们不用一对一地去做说服，而是一群人在听我们分享，两者气场都完全不同，而**话筒就是权杖，演说者本身拥有至高无上的权威**。哪怕 100 人成交 10 个人，仅仅 10% 的成交比例，也仅仅只将话说了 1 次，比一对一销售，面对 100 个人，讲 100 次成交 10 个人节省了百倍的时间。时间不仅仅是金钱，更是生命。我们每个人都生活在商业社会中，不买我的产品就会买别人的产品，不用我的产品就会用别人的产品，买和卖天经地义，只要你的人格好、产品好、服务好，为客户考虑问题，我想没有人会拒绝你销售的任何产品。如果我们用这种态度去看待演说和销售，你将无所畏惧任何一次成交。

所以，我经常在分享完“干货”后，都会说：“学无止境，人的一生就是不断学习的过程，有人花时间长期探索，有人花钱购买成功者的时间，**成功者都有一个秘密：用金钱复制自己的时间。**如果你想快速了解微商行业，成为一个优秀的受人尊重的万人迷微商，欢迎嫁入万人迷微商特训营，我将会用我的方法以及我身边优秀学员的方法，帮助你拨开眼前的迷雾，我将用自己的宝贵时间节约你探索的时间，帮助大家少走 3 ~ 5 年弯路。最后，欢迎大家加入万人迷微商特训营，让我们一起，走得更快、更远、更美好！”

一切都很自然、很流畅，没有所谓“威逼”的成分，但却将真实、简单的道理送达到听众的心中。每当讲完这段话，都能够让许多乐于在微商界成长的小伙伴付费加入到我的课程中学习。**成交，只需要用心，了解目标客户的需求，为他们定制最好的解决方案。**

如何填充内容，请参考后面章节。

5

第5章

做自己的导演自产自销

自我介绍是销售演说中必不可少的一个环节，甚至是重点中的重点、关键中的关键，为何我如此强调这一章节？原因是：**人是连接一切的载体，人是有温度的、感性的，客户买任何产品前都是与人先接触的，产品好，人不好，客户未必埋单，产品一般，人感觉不错，客户愿意埋单，微商的最终境界就是做个人品牌**。而我们自己的故事、梦想、愿景、使命又会带动客户了解我们的人品从而埋单，这一章读懂了，微商之路将简单易行。

自我介绍的精髓是讲故事，而不是说我来自哪里或者我是干什么的。很多微商朋友天天在干一件事情：卖产品，但是却不会讲故事。而我是天天都在讲故事，从来不卖产品，但是我的产品会跟着这些故事卖得非常好。在我成交的客户中，大多数伙伴先加了我的微信，看了朋友圈之后觉得这个人不错啊，接着又付费来学习。我从来不直接卖产品，很多朋友一直关注我，

“扒”我的朋友圈，**有意识地去了解我是做什么的，他们被我朋友圈的内容激发出需求，做出购买决定**。我每条朋友圈都在讲故事，“我是微商”系列丛书全部都是故事。所以很多人觉得我写的书和讲的课程非常有趣、不枯燥，因为我**把要传递给大家的知识点全部融入在故事中间，有助于大家更好地消化**。

为什么要教大家通过故事去塑造自己？因为没有人愿意去听这个产品值多少钱、这个产品的指标、这个产品怎么用等。他只想知道这个产品谁用过、你这个人靠不靠谱、这个产品别人使用的效果怎么样。这就意味着**客户想听你讲故事**。故事可以帮助我们承载很多东西，包括我们的个性、励志成长的过程、梦想、愿景、使命、产品效果、项目好坏，你所有要表达的内容全部可以通过故事来塑造。

5.1　如何打造令人惊叹的个人大片

很多人问，讲故事能赚钱吗？我说讲故事太能赚钱了。举个最简单的例子，很多人喜欢看电影，现在电影的票房动不动就破亿，电影就是在讲故事。《失恋 33 天》让很多小青年坐在影院里看一个半小时，看女主角怎么失恋的，然后呢？过了 33 天，她和另外一个男人好了。这个故事就讲完了，讲完之后这个故事就收了 3 亿的票房。《泰囧》无非也就讲了两个合伙人商业内争中间多出了第三个人捣乱的故事，结果创造了 12.6 亿的票房。是故事就一定能够赚钱。我也时常讲自己的故事，我曾告诉过大家，自己在两年前，是一个日子过得很惨的无名小卒。但是一年半后，我写了一本名为《我是微商》的书，在 130 家淘宝店、京东商城 30 多家店、当当网 10 多家店、200 多家新华书店、机场、高铁书店销售。这算不算故事呢？这就是故事。所以**你要通过故事去做自我销售，并且还要遇到什么人，就跟他讲什么样的故事**。

5.1.1 遇到什么样的人就讲什么样的故事

你需要不断地收集你自己的故事、客户的故事、团队的故事、你帮助过的人的故事。然后在招募团队的时候，你就跟对方讲一个故事。比如：这个人之前跟你一样不相信这个行业，但是最后还是硬着头皮花了多少钱加盟了咱们，现在一个月大概是 5000 块钱的纯收入。那你跟他之前的情况一样，他能行，你不能行吗？

又比如：这个人是我的一个同学，之前他非常不看好微商，但是我天天刷屏把他刷得实在受不了了，有一天他就问我，你做微商真的有那么好吗？我说你自己看一看就行了。我给他看我微信支付记录和支付宝转账记录，看我现在的流水。他看了就知道了，于是我成交了我的同学。

当 60 后的“大朋友”对微商感兴趣的时候，我就讲 60 后的小麦姐从事微营销成功创业的故事，这可以激发这些“大朋友”对产品产生强烈的购买欲望。

你想想有没有这种经历，让我们条件反射一下：

假如你有一次苹果手机破屏的经历。有人问你：苹果手机的屏幕怎么样呀？你不会说它是什么材质做的，有多大的承受力。你一定会说：“哎呀，这个手机屏幕不敢恭维，我上一次去 KTV 唱歌时把它放在屁兜里了，玩得太嗨，就坐在沙发蹦了两下，当把手机拿出来的时候，衰了，屏烂了，没想到一屁股坐没了 1000 元。”有没有发现，人人都有讲故事的超级能力，具有**情境的营造和细节的描述的能力**，这些技巧是天生的，因为我们耳濡目染，但你却没有把它运用在销售演说中。尽快开悟吧！**边讲故事，边赚钱**。

这就叫作遇到什么样的人就跟他讲什么样的故事。我一直告诉我的学生：**你每成交一个客户就要把如何成交这个客户的经历总结出来，因为你每**

成交一个客户的故事，都可以帮助你成交一堆类似的客户，这叫作同频率情境成交。

1. 东遥故事图谱——人与故事

有时候你不知道如何去讲故事，这里我给大家一张故事的图谱，你把它记下来，以后你会发现自己讲故事能够张口就来。故事图谱的这几个维度分别是客户、同学、领导、同事、配偶、朋友、子女、父母。你如果不会讲故事，讲这些人的故事就行了。

东遥故事图谱 故事与人

客户	同学	领导
同事	我	配偶
朋友	子女	父母

你和以上这些人发生的所有故事，一点一滴都是营养。

我们来讲一个和客户之间的故事："我之前有一个客户，货比三家，一开始觉得我的产品贵，就花钱去找别人买了便宜的产品，钱花了，产品却没有任何效果，最后还是到我这里买贵的。你想想，一个客户花了那么多冤枉钱最后还是来买我家的产品，你就应该知道我的东西是不是货真价实。"如果你的客户听到这个故事的时候，他会不会还嫌你贵那么一点点而不跟你买呢？如果你仅仅说自己的产品好、品质比别人高，别人不一定会跟你买，但是你要讲一个你的客户失败的故事，他就会思考比较一下未来的得失，慎重地做决定。这是非常感性的成交方法。

再讲一个我和同学的故事："我的同学看我做微商，他也发现他身边很多人在做微商，于是他就来跟我请教微商怎么做，他问我怎么可以天天不上班都能够赚到钱呢？我跟他讲了现在的创业趋势和我团队中的一些伙伴从0做到5000元收入的过程，他终于相信了，于是来跟我做微商。"

再讲一个我和领导的故事："我领导天天说我这不好那不好，啥事都想着怎么样去约束我，而且给我的工资非常低，一个月就两三千块钱，永远不让我抬头超过他。终于有一天我跟我领导说我不干了，我干微商去。结果我努力地干了3个月，现在的工资比领导都高了，领导现在没有了我的帮助天天累得跟个驴似的，我却越来越轻松，每天过得很开心。"

再讲一个我和配偶的故事："我老公一开始特别不喜欢我做微商，但是经过我不断的努力，他看到我生完孩子之后还能这么去追求进步，他被我感动了，他没想到我现在利用一部小小的手机不用出门都可以有几十个人甚至上百个人团队，慢慢地，他开始帮助我。现在我们家生意越来越好，我老公从之前看不起我、不相信我，到现在已经变成我们家的搬运工和快递员了，这就是我老公跟我做微商的故事。"

这些都是我在万人迷微商特训营授课时听学员讲的真实故事，**这些故事可以让更多不了解微商的人以及戴着有色眼镜看微商的人重新认识我们的另一面，懂得我们为什么痴迷，为什么奋斗！**

失败的微商给人的感觉是卖产品的刷屏的微商。我们要打造的是让微友感觉到我们是个有情、有爱、有钱的微商。

通过以上的分享，你还觉得讲故事难吗？当我悟透讲故事就可以轻松成交任何产品、任何人的时候，我就开始疯狂地整理自己的和身边人的故事，这就养成了能够信手拈来讲故事的习惯。讲故事，从来不打草稿，因为自己经历过，够真实。你回顾一下自己讲故事的经历，需要打草稿吗？

2. 东遥故事图谱——人与情感

你讲的故事中需要融入各种情感，人是有丰富情感的，故事没有情感就无法打动人。这一节为大家讲述东遥故事图谱之人与情感：我们可以从快乐、得意、兴奋、耻辱、难忘、骄傲、伤心、痛苦这几个方面来渲染我们的故事，使它们变得有情感。你选的素材要是和这些人发生的“最”的故事，不是“最”的就不要讲，因为感染不了别人。讲故事的艺术在于“最”。

东遥情感图谱 故事与情感

快乐	得意	兴奋
痛苦	我	耻辱
伤心	骄傲	难忘

每个人每个角度想 3 遍，你会发现你有讲不完的故事，我们要做到把故事镶进别人的大脑。听众的大脑听不懂概念，只能看到画面，每个故事都是一部电影，你要学会创造画面，讲一个故事就像放一部电影给听众看。

你的故事一定要是感性的，感性就意味着让人有感觉，让人觉得你是一个有情怀的人。但很多人卖产品就卖得非常理性，如我这个产品 168 元，别人 198 元，我比他便宜 30 元。这样讲就没人会对你和你的产品有感情；还有人说我的团队人多、课多、分的钱多，但打动不了别人加入你的团队，因为理性的表达太生硬了，总是让对方用脑袋去“计算”得失，总有人比你更便宜，也总有团队的人数比你的更多。

我们如何通过情感来讲述自己的故事呢？举例说明：

我人生最快乐的、做得最正确的事情就是选择了做微商，它可以让我跟爱人一起陪着宝宝出生，看着宝宝成长，能够让我有大量的自由时间陪着我的家人。这就是我人生最快乐的事情。

我人生最兴奋、最难忘、最骄傲的事情是什么呢？就是我每天晚上能够面对成百、上千、上万的微商从业者，分享我的从业经验。并且我带动了太多太多的小伙伴从零开始一步一步走向成功，培养出来了5位过亿的、15位千万级别的、100多位百万级别的、1000多位月入过万的微商，并且我的创业故事影响了千万微商从业者。这是我人生最骄傲的事情。

我能够帮助其他人赚钱，我能够把我的知识分享出去，让大家找到创业方向，我能够让我自己的知识讲完之后，有人复制粘贴去读就能赚钱，实战、落地、拿起来就能用，"小白"都听得懂是我课程的关键词。这是我非常得意和骄傲的事情。

所以小伙伴们，你一定要把这些情感融入到你自己的故事中，包括我曾经的老板看不起我，让我觉得很耻辱。但是我现在非常骄傲，因为我赚的钱比老板多了。我最难忘的事情是我开始创业做微商的时候，天天晚上打包，生意越多我越累。天天在那儿包袋子、写快递单，写得手都要断掉了。但是我觉得没有那段难忘的经历，就没有今天成功的我。

这一切都是在讲故事，要学会感性地去做营销，把人带到自己往日经历过的情怀中，带动他的感觉，牵引他的心。

我们很多人卖产品卖的都是理性。只是把产品卖到对方的大脑中去，让别人天天在想你的产品比别人便宜了还是贵了，在想你的东西是真货还是假货，在想你的东西到底是卖给他还是骗他一笔，等等。千万要变一变。

我们要学会把情感融入到故事中。这样，对方不自觉地抛开价格问题，因为他慢慢地开始喜欢你，**喜欢你就愿意买和你相关的产品**。我有很多的粉丝，持续不断地买我的各种产品。我每研发出一个新课程，就有朋友重复来购买；我每写一本书，大家就会买这本书，有的朋友一次买几十甚至上百本，把它作为礼物送给团队成员。其原因也是我将自己对微商的情怀融入到书的字里行间。

本书的前言取自我在 2014 年 1 月写的对自己 2013 年的回顾，我把它放在了自己的 QQ 空间中，很多 QQ 好友看完这篇文章之后，通过这些文字对我产生了更深层次的关注。我是一个平凡得不能再平凡的人，我用小学三年级的文学水平去书写自己的草根逆袭之路。我是拼过来的，没有背景、没有后台、没有社会资源，现在的一切都是我花了大量的时间，去拼搏、去学习得来的结果。

你要记住你的故事是可以打动人、感动人的，你不知道怎么写故事，记流水账也行，怎么记流水账呢？再把本书的前言看一遍即可。

每个人的时间宝贵，不要浪费每分每秒，你的故事要从容，要有震撼力，要有影响力，把时间把握住，要用画面呈现。我们讲故事要从两个角度出发，即人的角度和神的角度。站在神的角度讲故事，就会充满爱，充满力量。从任何事情上都要看到爱的力量。**一个人摧毁自己唯一的方法就是感觉这个世界都在遗弃你**。所以当你被人抛弃时，你要大声地讲谢谢你让我更加强大，我可以做得更好。任何事情都要看到上天对我们的爱，比如生病，生病代表上天给你发了一个信号让你接受治疗，让身体更好，饮食更好，上天在提醒你变得更强大！

事情本无好坏，只是看问题的角度不同。伟大的人在伤痛的时候会自我疗伤，用舌头舔舐伤口。干事业就一定会经历低潮期。人要爱过、恨过、痛过、惨过，人生百味尝过，才会更成熟。要把解雇看成解放，化不利为有利，化悲惨为动力。

没有强大的经历如何塑造自己？

很多人说自己没有显赫的背景，也没有你有那么多苦和牛的经历，更没有丰富的社会经验，我没有故事怎么办？我说你的故事太多了，不牛的人一定很平凡，很多人认为自己一生很悲催，其实，**你人生最悲催的事情就是最好的故事**。为什么这么说呢？一个人经历**最悲催的事情就是对他进行最完美的塑造**。高水平地讲故事，就是把最惨的事讲出来，然后再讲你是怎样拼搏然后变成现在这个样子的，你现在这个样子不必多牛，但是你一定要把自己的惨讲到极致，对比起来你现在就牛了，这叫落差。

我们培训公司里有一个女孩子，她问我业绩不好做，怎么来破局？我说讲故事啊。她说没有故事咋整？我说你就讲你自己怎么去拜访客户，拜访客户被拒绝时是什么样子。她说，这样的故事每个人都有啊，有人会听吗？我说，你想想你 3 个月没有一分钱工资你还不惨呐，够惨的了，再不出业绩怎么生活，如果讲个故事就是奇招，帮你出奇制胜，你要不要试一下呢？于是她决定听我的。她就把自己的故事写了这一篇大概 200 字的文案，内容大概如下：

一个女孩子刚刚做销售，销售工作是没有底薪的，而且见到客户还得以礼相待啊。我那个时候身上就几十块钱但我不吝啬，我甚至刷信用卡买水果、土鸡蛋去拜访客户。我没有底薪，公司不包吃不包住，我信用卡都透支得没有办法了，但是我自己也知道这些事客户是不会相信的，那怎么样才能让客户相信啊？我就把它写下来，一次、两次、三次地去找客户，客户一次、两次、三次给我闭门羹，没有关系啊，因为我知道我第四次再打不开客户的门，我就要挨饿，但也有机会重生。假如说有一个女孩子，她真的最后一次，带着用信用卡刷出来的土鸡蛋去敲你的门，她请你给她一个机会，你愿不愿意购买她的产品呢？

她把这个自己的经历写下来后，再配上自己的相片和公司工作的图片，就变成了自己随手可带的故事，每次遇到冷漠的客户时，就用这个故事敲开客户冷漠的大门。因为**你不讲，别人不知道你是一个什么样的人，只有讲出来，客户才有机会认知你。**

我的二徒弟傻丹丹说："老师，我没故事，我这个人是乐天派，再难的事我都能坚强地面对。"我说："你一定有故事，每个人创业和成长之路都非常艰辛，值得回味。"她说："我自己创业失败就失败呗，我觉得我就没故事。"我说："你静下心来，凌晨两点钟去想，不要太早，零点想都早了，一点钟想也太早了，你两点钟去冥想一个小时，然后明天告诉我结果好不好？"她听了我的话，凌晨两点，夜深人静，在没有一丝嘈杂的环境去想，清晨 5 点她给我发微信："老师啊，你为啥要我两点钟去想呢？我这一想就一宿没睡成，我觉得我这一生也挺多故事让自己感动的，我居然哭了 3 个小时，现在哭得实在不行的，我就给你发个微信，我觉得自己也是个有故事的人。"

5.1.2　个人品牌塑造的维度

1. 横向：从痛苦到梦想，从结果到过程

先从横向来塑造，就是讲故事一定要讲曾经有多差，现在有多好，这也叫作一个人的痛点和一个人的梦点。有痛苦才会激励自己前行。**讲故事的方法是从先讲现在得到的结果，再讲如何去实现的过程。**我讲自己的故事就是这样从痛苦到梦想进行讲述。我讲过我 2013 年那年整个状态有多不好，那个时候我欠了一屁股外债，人都要垮掉了，而现在的创业状态有多好。我先把结果讲给你听，然后再回过来讲我是怎么样实现这种结果的。

如果你参加过一些沙龙分享会或者产品说明会、招商会，你有没有发现，99% 的人是不会演说的，讲得让听众直打瞌睡。

只有少数的分享者讲课的水平非常高，讲得让人永远热血沸腾，感觉听完之后晚上也睡不着了。他们会用每一句话把握住你的每一根神经，会让你知道怎样咸鱼翻身，会让你知道他现在的结果有多么好，也会让你知道他之前多么差，从而去注意聆听他演说的每个过程。你也可以达到这种境界，只需要去学习这样讲故事的方法，这个秘诀就是：**把故事倒着讲，这也是我们小学语文学习的倒叙的写作方法。**很多电影也是这么拍的，通过一段美好的现在去回忆过去主角是如何努力实现这个结果的，不是吗？

假如你是一个大团队的队长，每天都在团队内分享自己团队的进步情况，你如果**使用“倒着讲”的方法，产生的威力会提升 10 倍以上**。举个例子：

各位小伙伴，我是来自某某团队的赵菲，虽然你现在看到的是一个光鲜的我，拥有着万人团队，代理 3 种产品，月流水破千万，到全国巡回演讲。但是你永远想不到的是，其实在两年之前我也只是一名普通的宝妈。我在家里，因为孩子的事情，封闭了自己一年多。但是我没有放弃自己，我先了解微商，尝试做微商，慢慢地建立自己的团队，一步一步走来实现了个人价值，成为团队中间的精神支柱，我的团队 10 个人之中有 9 个宝妈，我带领着她们，紧紧地拥抱在一起，一起学习，一起进步，不断地自我实现，让越来越多的伙伴因微商这项事业找到了自己的价值。

你有没有发现这个故事尽管很短，但是高潮迭起，令人热血沸腾，故事是这么讲的：**倒着讲，先讲现在得到的结果，再讲如何实现的过程，最后再讲一次达到顶峰，把奋斗的结果再强调一遍。**这样，你仅仅花 1 分钟把你的演说稿的顺序调整一下，你会发现你整个人在讲话时的状态和气场都不一样。

我经常参加一些分享会，听得只想睡觉，大多数人上台讲的都是大家好，我来自哪里，我是谁，感谢谁，曾经我们什么样，讲了半个小时还是曾经，真让人受不了。我想你到底是想跟我们说什么呢，讲半个小时还没说清楚，上台来是浪费大家时间的吗？

如果让我去给他做辅导，我会直接告诉他应该怎样讲：“Hello，大家好，我是来自某某公司的某某，我们公司通过短短 1 个月的时间把一个产品推向全国，并招到了 5000 个代理，新品上市的第一个月就实现了 1000 万的销售额。”这样就可以了，台下所有人的眼球都会被你吸引，都会竖起耳朵来听你讲，这时你再不紧不慢地倒过来讲新品上市之前的故事：“其实在新品上市两个月之前我们和大家一样犯了几个错误。第一个错误是……第二个错误是……第三个错误是……”这句话就瞬间和听众合一了，大家都想知道怎么才能减少失败的概率，这样的分享才能一环扣一环，高潮迭起，精彩绝伦。

所以这一章节，你必须重复看，并且把自己的案例套用到这些示例中，讲给自己听，找一找感觉，学会倒着讲故事。

有朋友总觉得自己经历不够牛，我告诉他，其实你已经很牛了。很多小伙伴都在各个大团队中，其背后的资源都是牛的资本，以我的培训课堂为例。我说：

朋友们，你现在已经很牛了，因为你来到了万人迷微商特训营，你已经和全国 2000 多位牛的微商伙伴成为同学、成为朋友，你的朋友中间有千人、万人团队的领袖，有销售额破千万、破亿的微商品牌创始人。你还觉得自己不牛？**你一定要学习销售自己身边的人**。另外你还需要学会讲自己的改变，因为每个人都希望看到的是一个人的成长过程。他不一定要看你现在多牛，而是希望看到你不断前行，每天成长一点点，**其实成长比成功更重要，成长是一辈子的事儿，成功只是一个阶段的事。**

举个例子，如何讲述自己的改变，我身边有一个真实的案例：

一位微商宝妈“炜炜妈”，婚前十分活泼开朗，生了宝宝之后 5 年的时间几乎都是与世隔绝的，她的生命中几乎只有老公和宝宝。后来她认识了一位团队的领导人，跟着这位领导开始从没有钱赚，到一个月能够赚一两千，到现在能够赚三四千，虽然不多，但是她却通过自己的努力在这个团队中找到了自己的价值。她曾经给自己许过一个承诺：每一次孩子过生日，她都要为他亲手做一个蛋糕。她已经坚持了 3 年，在一次线下的姐妹聚会中，她给每一位小伙伴都送上了一份她自己做的礼物——她自己烘焙的酥饼和自制的奶糖。团队的姐妹们欣喜若狂，纷纷发朋友圈赞美这位每天追求成长的宝妈微商。

这个故事讲到这里，你还觉得一个人需要多牛吗？**一个人只要学会了成长和改变，学会了把自己的心路历程讲出来，就可以打动别人的心。**

2. 纵向：金钱、团队、客户质量、个人改变

我们讲故事可以从哪几个纵向维度来讲呢？可以从金钱、团队、客户质量、个人改变这 4 个纵向维度进行塑造。以我为例，为大家做案例展示：

曾经有这样一个创业者，他在 2013 年负债近百万，但是他在那时学会了斩立决，他跟债主说：“欠你的钱，我现在还不了你，但我一定会还给你，我写欠条给你。”但是他却用短短一年半的时间不仅还清了所有的外债，并且还了买房子，买了车子，生了孩子，这个人就是我——徐东遥。这是从金钱的维度进行塑造。

曾经有个创业者，他创办公司的时候，连三五个人的团队都管理不了，但他是一个非常棒的职场教练，他能够教会一个人 3 个月成为顶级的技术高手，结果教会一个人就跑掉一个人。现在，他却能够通过一年多的微商创业，奇迹般地把身边的人变成合伙人，带领着万人迷 2000 多位微商团队领袖和近百万微商创业者，奋斗在微商的一线战场，不断地创造微商界的传奇，这个人就是徐

东遥。这是从团队的维度进行塑造。

曾经有这样的一个创业者，尽管他的技能非常高超，但是他能成交的客户都是质量非常差的，不仅服务费用低廉，还经常被客户指着鼻子骂。现在他通过个人品牌的塑造，将自己一次一次地销售出了高价格、高知名度。优质的客户已经开始络绎不绝地自动被吸引过来，他也可以开始有目标地筛选最适合自己的客户，从之前的几千元的订单渐渐发展到 10 万、20 万一笔的订单。这个人就是徐东遥。这是从客户质量改变的维度进行塑造。

曾经有这样的一个技术创业者，做了 15 年写代码的程序员，行业人戏称他为“码农”——写代码的农民赚不到大钱。你万万想不到的是，一个见到女孩子都会脸红且无话可说的人却可以张开嘴巴，到全国的讲台上去演说。从 10 人的场，到百人的场，再到千人微商大会和横店万人微商论坛，他都能从容面对。这个人就是徐东遥。这是从个人改变的维度进行塑造。

故事就是这么讲的，永远是横向讲之前多差，现在多好；纵向从金钱、团队、客户质量、个人改变几个方面去印证。

5.2　最厉害的演说都是卖梦想和使命

这一节将介绍更高明的讲故事的方法，当你一无所有的时候，你可以销售“空”。“空”不仅仅是没有成本的故事，更是最吸引人的故事，通俗一点说就是“讲空话”。你会说那不是骗人吗？这事儿能做吗？这一切取自每个人的“发心”。“空”，可以是你有一个什么样的梦想，你有什么样的愿景以及你自己的使命是什么，尽管梦想、愿景和使命都是还没有达到的，或者是你目前还未做到的，但“发心”好的人却拿着这些“空”来激励自己。马云先生都说过“梦想总是要有的，万一实现了呢”，他也一直拿阿里巴巴上市这个曾经的“梦”来激励自己。

当你的“发心”是说大话时，有人会说：“你这个人啥都没干在吹呢？你这叫撒谎，叫吹牛！”但是你说“这是我的梦想！”时，就没有人说你撒谎了，他们最多只会说“那你就继续做梦吧，我们等着看你的好戏！”**讲是梦想就不叫撒谎，你不讲这是梦想就有人说你是吹牛。**

当你什么都没有的时候，你能卖的就是你的梦想，所有上市公司，很多人参股，他们买的是这个企业未来的利益。如若当下什么都没有，就卖未来，如果你现在已经有所成就，你就把你的现在卖掉，未来你要描绘更伟大的梦想，还要讲你更伟大的使命，然后跟现在一起打包卖掉。

5.2.1 用宇宙思维销售梦想

关于梦想，我来举个例子，看我在 2014 年创办万人迷微商特训营初期是怎么收学生的。那个时候我要钱没钱，要名没名，什么都没有。我当时就讲了一个梦想，就把人都给收过来了。我说：“小伙伴们，我觉得做微商真好，我特别喜欢金庸先生写的武侠小说，我有一个梦想，在 2015 年，我要带领着我们万人迷的所有小伙伴走遍全国的大好河山，我有一个计划，叫作‘武林盟主计划’，我们要一起走进武侠小说中的十大门派，走进一个门派，我们就霸一座山，所以我要带着我们所有的同学，先去少林再去武当，接着去五岳剑派，然后去什么青城山、崆峒山，最后我们在仙山昆仑山寻仙。小伙伴们，让我们一起踏遍全国美丽的山河，做一个自由自在的微商来完成我们动动手就能赚钱的这些梦想，好不好！”

那时我每期都讲这个梦想，每次讲完之后就有好多学员说：“老师，我们一起，结伴同行！”结果就这样万人迷 1 期、2 期、3 期、4 期满员了。随着学员越来越多，我们开始举办线下的聚会，每一次的聚会都在一座名山中举行。2015 年我的确带着大家走了很多山，如青城山、武当山、崂山，并且还在不断地奔跑中。在这里我要说：**梦想一定要有，至少可以实现一半**。

卖梦想是每个人天生的能力。举个例子，我们的孩子是最会卖梦想的，假如一个孩子说："妈妈，我要那个直升飞机玩具。"你可能当时不会给他买。但是如果他说："妈妈，妈妈，我想要那个直升飞机，我未来的理想就是当一个飞行员带着你和爸爸全世界飞。"你觉得你不会给他买吗？我想，你不会反对的。**孩子是宇宙的思维，是没有一丝虚假的，孩子的思维才是卖梦想的最高境界，所以你要像个孩子一样，去用宇宙的思维销售自己的梦想**。

5.2.2　感同身受才能销售使命

如果学会了销售使命，你的整个人生都将发生翻天覆地的变化。我时常讲理性和感性，大多数人是在这两个层次做销售，**理性是将产品卖到对方的大脑中，给对方的是结果和利益，对方觉得划算才会买；感性是将产品卖进对方的心里，给对方的是一种情怀和感觉，对方喜欢你，他就会买；使命卖的是你对社会的一种大爱和责任，当你能够震撼到对方心灵的时候，不卖也有人买。**

为了情怀，有人会淡化价格；为了信仰和使命，有人能够大义灭亲，会因使命而放弃情感。我非常敬仰佛前地藏王菩萨，地藏王菩萨有句非常经典的话：地狱不空，誓不成佛！很多人听了这句话都觉得他身上的使命感特强。

我的使命是：把微商教育事业干到底，做微商界的千年学府。通过贡献我的价值，让大家更有价值。

有人说我很赚钱，我觉得自己很一般，其实相对于我的很多学员来说，我没有他们赚钱，他们将我教的方法运用在经营自己的产品上，业绩倍增得很快，有实际看得见、摸得着的产品，还有客户的回购，他们很赚钱。我守住自己的教育事业，赚点稳定的钱也很满足。

有人说你很穷，但你可以很赚钱，你不如和我们一起玩玩产品，以你现在的人脉资源、影响力和千万微商领袖资源，随便卖什么产品，都能够月流水破千万，干一两年就是几亿身家。这些话是我的学生说的，他做美妆产品6个月做了3.5亿的流水。我说不了，我就喜欢做教育，去研究新的方法，经我测试能够产生利益时再分享给大家，我不能让自己的思想有界限，我修炼的是自己的思维，我爱干这个，我赚钱自己够花就好了。**心中无界，方能大成。**

我之所以不做产品，原因很简单，碰了产品我的思维就有了界限。我要是卖面膜，那些卖面膜的优秀人才就不愿意跟我深入交流了；我碰护肤品，那些护肤品厂家就不愿意跟我合作了。每个行业之间都有竞争，我让自己无界限了，尽管生活为我关上了一扇财富之门，但是，它也一样为我打开了一扇财富之窗，让我能够源源不断地帮助各行各业的人去成长。

使命感不是一朝一夕能够培养出来的，我为大家分享一种方法，可以帮我们快速地激发自己的使命。当你学会了销售自己的使命时，你在未来卖产品时只需要讲一个故事，这个故事就是你为什么卖这个产品，你的使命是什么，这会给听者带来完全不一样的感觉。你可能觉得这种思想非常高，无法落地，那再给大家举个最简单的例子。

假如有一个人给你讲，我做微商，真的赚不了多少钱。我自己从小都没上过什么学，经过 1 年的努力，从最早的两个月没有一分钱的收益到现在一个月大概有 1 万块钱的收入。我将自己一半的收入用来供养 3 个贫困大学生上学。当你听完这些话之后，你会不会对这个人的感觉，瞬间从一个普通的创业者变成了让人敬佩的英雄人物？对他的敬意油然而生？他的使命就是我要帮助更多曾经和我一样的人。

有了这种敬意，产品怎么卖已经不重要了。许多电视电影之所以让人感动流泪，是因为它写的那些非常平凡的人做了那么多不平凡的事情，主人公身上有强大的使命感。我们可以通过以下几个步骤来激发自己的使命感。

1. 我因此而痛苦过

使命感的激发一定是因此而痛苦过，前面讲的案例中的主角因为自己没上过学，所以他去资助那些上大学的人。

我是因为自己创业失败痛苦过；你是因为在家带孩子与社会脱节而痛苦过；她是因为太胖了，身边的人都非常不喜欢她，说她大象腿，因此痛苦过。这些痛苦都可以激发你的使命感。

2. 我找到了解决方法

前面案例中的主角怎么找到解决方法呢？“我从小没上过什么学，但是我却通过微商事业赚到了钱。”

我虽然以前创业失败痛苦过，但是我现在从事微商，创建个人品牌，让我一年走了别人 10 年的路。

万人迷 10 期学员马嘉，她曾经身体非常不好，医生诊断她为癌症晚期，她当时直接崩溃了。她痛苦过，但她找到了一种解决的方法：通过酵素清理身上的垃圾，让身体越来越好，现在已经过一年多，她精神还是很好，她没想过自己能够从鬼门关里边爬出来。

这都叫作“我找到了解决方法”。

3. 社会上还有很多人有这样的痛苦

我找到了打造个人品牌、实现逆境重生的方法，但是我却发现，现在太多的创业者还在用传统的思维经营企业，不断地往水沟里扔钱；看到非常多的微商，还是在刷屏、群发，被自己的小伙伴唾弃甚至是拉黑，他们透支了自己的信誉，却找不到正确的方向。

这都源于世界上还有很多的痛苦，于是我们决定干件事——**用我的价值来帮助你、成就你**。

4. 用我的价值来帮助你、成就你

使命感就在这里激发出来。我现在找到了解决的方法。但现在还有很多人不知道未来的路怎么走，我要帮助大家，我将这一年所有让我成长的技能变成系统的知识，成立了万人迷微商特训营，帮助大家系统地成长，做一个好人名人微商；成立了万人迷作家团，帮助大家提升写作能力、传播自己；成立了玩图社，帮助大家用小小的手机拍出有意境的图片；创办了名人堂，帮助大家在移动互联网中通过分享吸引万千粉丝。这一切都是帮助各位微商小伙伴行正道、成大业，绽放精彩的人生。

这就是使命感挖掘的 4 个步骤，你可以将它套用在自己的身上，它不是一朝一夕练就的，而需要我们真正地经历过，和你的客户一起感同身受，知道他们的苦难、知道他们的需求时，才能慢慢体会出来。

销售梦想、销售使命，如果你掌握其中的精髓，在未来你赚钱就成了一种结果。讲完你的梦想和使命，就已经成功了！当你说到让全场感动，说到全场觉得你这个人这么年轻，竟然有这么伟大的梦想、这么伟大的格局，就可以直接跟着你干了！这就是终极成交法则！

梦想、愿景和使命一起卖，卖你的人格和生命价值，产品一定是顺便卖的。就算不卖，也会有人付钱给你，只卖产品是不入流的。让听众知道你这个人就很值钱，你的内在十分强大，产品卖不卖都会有人付钱。**你卖的是商业人格，商业人格是支持你销售产品的根本。每一个领袖都在卖一个新世界、一个伟大梦想。**

5.3　演说稿:《我们都是一颗小石头》

这是我在启动“微商夜大”项目时在微信群中的一篇演说稿。

我们都是一颗小石头

能到这个舞台大家应该有一种自信。徐东遥、老壹、万人迷，是大家的肩膀。而大家有这个肩膀可以快速前行甚至真正地做出结果。

但，我们要让更多的微商小伙伴，能够站在我们的肩膀上，走得更远、更好。所以，来这里的，将是未来微商小伙伴的垫脚石，而不是站在别人肩膀上成功的人。成为垫脚石，这才是你在微商夜大的价值和意义。

所以，请记住，不论你在任何地方有多牛，也不论你认为你现在多渺小，这都不重要，重要的是我们的一份社会责任，用我们的言行，为微商正名，而我们的身份并不特殊，我们是一辈子的同学。

真正的神，不是你眼中的大咖，大咖有很多辛酸你看不到。他们的今天是

接受社会、团队、家庭的不断历练的结果。真正的神，在你的心中，必须是你自己。你要坚定目标：未来让万千微商踏在你肩膀上成功，让自己成为那一颗小小的“垫脚石”。学会被人踩，学会成为垫脚石，你才能无比强大。我就是那一粒筑起微商大厦的沙子，每当我这样想时，我心沸腾！

加油吧，万人迷，我们现在一起，修心。首领走路，行正道，有生之年，并肩前行，我们都是快乐的小石头，你有货就勇敢地秀出来吧！

第6章 如何通过演说激励团队

各位读者，你希望自己的团队中每一个人都具有无与伦比的勇气和战斗力吗?

你希望让团队成员都变成超人，每一次和你的接触都能够激发潜能吗?如果你希望，这一章的分享将会为你带来不一样的新体验。

通过演说来激励团队，我把它分为6个部分，这是一个框架，也是一套系统，你按这个框架往里面填充内容，就可以成为一个超级会激励团队的演说家了。

6.1 团队伙伴需要什么

在激励团队之前，你一定要知道团队伙伴需要什么。

1. 被表扬

他们需要在做好的时候能够被表扬、被赞美、被肯定。因为**赞美是这个世界上最美妙的语言。**这时你要反思一下，你有没有认真对待每一位出过单的团队伙伴，有没有时常去表扬和赞美一下他们。如果你在伙伴们做好的时候，没有给他们表扬、肯定和赞美，那他们就会觉得没有必要再跟你干。**很多团队一开始激情高涨，后面慢慢就淡下来甚至瓦解，原因就是，队员们感觉到你不重视他。**

2. 被鼓励

在失落的时候，需要我们给予关怀、打打气，让他们依然充满对未来的梦想。“有梦最美，希望相随”。他们希望自己能够有非常美好的业绩和目标，也希望团队以及公司能够有好的未来。但他们的成长需要适应过程，这个过程需要你去关爱、接纳和鼓励。“良禽择木而栖。”“人往高处走，水往低处流。”所以你必须知道，你为他引导的个人目标，你为团队设计的团队目标，或者公司的目标及愿景都是非常重要的。

3. 被教育

除了技能和产品知识上的教育外，我们还要不断地告诉他们，我们为什么要走这一步，怎么才能走到这一步，我和其他伙伴是怎么一步步走来的，接下来你该怎么做才可以像大家一样做到现在的收入水平、团队规模。

当我们知道团队成员的以上 3 个心理后，就非常容易来激励团队了。下面进入系统的流程。

6.2　激励团队的 6 大步骤

6.2.1　个人 / 团队 / 公司是如何起家的

我在万人迷微商特训营、微商夜大分享的第一堂课都一定会告诉大家，我是怎么起家的，我的团队是怎么来的，我是如何一步一步走到今天的。

很多新朋友加入，他们并不了解你之前是做什么的，不知道你是如何起家的，没有对你直观的认识和你的成长轨迹做参考，他们就会没有安全感，也会没有动力跟你来做事情。

我把我每次的分享总结了一下，整理出了以下 11 个可以介绍个人 / 团队 / 公司起家的万能步骤，你按照这个来，就能让听者非常有安全感。

（1）**我曾经做过什么工作、什么项目。**我做过 15 年技术创业，这 15 年一直以互联网技术与网络营销为中心。做过程序员、开发过网站、做过网站优化。

（2）**我创业过程中遇到过什么问题，经历过哪些错误。**在整个创业过程中，最痛苦的就是因为没有品牌，开发新客户很难，原有的业务也很难有口碑地传播，哪怕有再好的技术，我也只能销售低价的产品，所收获的利润难以支撑公司化的运作和团队的开支。所以也没有办法去为客户提供更好的服务。我在迷茫中跌跌撞撞尝试过很多种方法去寻找新的思路和方法，不断地去提升自己的技能和认知，却发现自己越走越偏。

（3）**我对之前创业失败的总结是什么。**我发现了解的面越广，我就越迷茫，其中最根本的原因就是，每一样新的认知，我都需要不断地花时间去摸索和实践，精力总是不能集中到一个点，我浪费了太多的时间，做了很多博而不精的事情，尽管知道得越来越多，但大多数认知还是仅仅停留在事物的表面。最后我的总结是，**做多件事不如做一件事，卖产品不如卖自己，把复杂的问题简单化，砍去所有多余的项目，留出大量的时间专攻一个项目，做一厘米的宽度，做一公里的深度，从做微商、销售自己开始。**自从有了这个认识，我就专攻一件最简单的事情，玩微信，做社群，于是有了万人迷微商特训营。

（4）**团队为什么要叫这个名字，它的寓意是什么。**万人迷微商特训营，是要让我们每位社群的成员，通过在移动互联网上塑造个人品牌，迷倒万人，吸引更多人关注，让我们先把自己销售出去，从而带动自己的产品，做到不销而销。

（5）**在建立团队时我经历过哪几个阶段。**

第一阶段，纯粹为了赚钱生活，招募了第一拨粉丝，分享我们的营销经验。

第二阶段，融入到学员中，了解到微商的真正需求，为学员定制各种解决方案和课程，让大家通过学习这些方法赚到了钱。

第三阶段，我们的课程对微商的需求越来越有针对性，运用的学员越来越多，大家慢慢有了各种结果，有的团队逐渐扩大，有的个人销售业绩很快提升，逐渐让我们有了良好的口碑，而在这个风口上我们的学员愿意介绍他身边的朋友付费购买我们的课程，很多转型微商的公司将他们的核心员工送到万人迷学习，甚至还有非常多的个人微商把团队领导人介绍过来学习。口碑的传播让我们的影响力越来越大，吸引了更多的人加入我们。

第四阶段，我们将培训课程变成了学习群的社群进行打造，让整个社群中充满着情感，充满着关爱，充满着互帮互助，同时，也就吸引了更多的人愿意为其他人付出。在我们的团队中，自发地出现了非常多的班长、辅导员，也出现了很多的助理，这些都是我们曾经的学员和师兄师姐在为下一届的师弟师妹义务地付出。

第五阶段，我们寻找到优秀学员，把他打造成为社群中的明星。再帮助他开疆拓土，打造属于他的子社群。帮助他实现品牌的推广、信任的转嫁，打造出一片属于他自己的领地，帮助他，辅导他，拥有自己的团队、资产和社群。

（6）**我为了团队成长，进行了哪些自我修炼。**不断塑造个人品牌；不断学习、实践、总结；不断将学习到的东西分享出去；把最有用的知识整理成书籍。

（7）**我是怎样找到第一批志同道合的团队伙伴的。**万人迷的第一批合伙人都是第1期学员，当时我和老壹老师在社群中点名招募了24位付费学员，并跟他们说："我们在一起，可以走得更快。"

（8）**这些团队伙伴是谁。**老壹、小麦姐、雨柔、霍小闹、霍兵占、罗若灵、积木师、流年小筑、十年耕耘、彭大将军、璐少、黄子宸。

（9）**我们的团队是怎么一步一步发展起来的。**以万人迷微商特训营为移动互联网营销思维的策源地；逐步建立分支学习型社群，包括万人迷作家团、万人迷玩图社、万人迷名人堂、万人迷微商夜大。这些社群独立经营，交叉营销，相互做信任背书，形成微商万人迷学习型集群。

（10）**我们中间经历过哪些困难，都是如何克服的。**如网络沟通难，我们选择定期开会；初始阶段合作积极性差，我们选择舍弃利益大量分钱；社群价值体现难，我们选择包装更多热情分享者，打造品牌，提供价值。

（11）**大家经历过哪些事情最后变成现在铁板一块。**帮助学员开疆拓土，建立独立社群，不断为大家创造平台和平业机会。大量分钱，逐一辅导，一起学习，统一思想，统一品牌。

这些问题，我们需要不断地问自己，把它整理成任何时候接触新伙伴都能分享的故事。这些故事会比直接承诺对方能赚多少钱更有效，我每次新招募团队的时候，都是将这11个问题串连起来，变成招募团队最有力的演说稿。

6.2.2 个人 / 团队 / 公司的目标及愿景

我一定会在激励团队伙伴的时候，告诉大家，我们团队的目标和愿景是什么。比如，我们要打造 10 000 个迷万人的万人迷微商，我们要建立万人迷千年学府与万人迷希望小学。

我想，很多的团队领导者在激励他们的伙伴时，通常都不会讲到目标和愿景，因为很多的团队领导者是没有目标和愿景的。

有些人觉得，团队从零发展到现在已经很平稳了，也有些人从来没有考虑过团队的未来和伙伴的未来，甚至对行业的方向都不明确，没有信心就开始做团队，这些团队 95% 会在半年内散伙，99% 会在 1 年内散伙。为什么他们会散伙呢？因为他们从来没有考虑过自己要做多久，也没有考虑过团队成员的死活，没有目标和愿景的团队与公司，要么长不大，要么是忽悠型或者急功近利型的，所以大家找团队的时候，也一定要先问问团队领导者，我们的目标和愿景是什么。

所以只要我一开口，只要我有机会跟我的伙伴们接触，不管是一对一的还是一对多的，我都会持续不断地告诉他们我们的目标以及愿景：我们要做微商教育第一品牌，我们要打造出 10 000 位万人迷微商，做微商教育全线产品，辅导每一位有执行力、愿意成长的伙伴成功，等等。这是非常非常关键的。

关于愿景，可以理解为个人的目标、公司的目标和团队的目标。梦想是一种美好，追求一辈子也无妨，不要让美好太快地实现，所以梦想是不一定要全部实现的。梦想是对未来的一种期许，就像我们小学时全班有一半说要当科学家，但现在我却知道，真能当科学家的那是万里挑一的。而愿景，是奋斗的目标，拟订了之后，就一定要努力实现。

你有没有想过自己多长时间能够将收入翻 10 倍？这个目标很明确。

你有没有想过公司在未来的3年内市值达到多少，年产值达到多少？

你有没有想过你的团队3个月、6个月、1年达到多少人，每个阶段达到多少销售流水？

你有没有想过你要帮助多少团队成员，在多长时间内做成百人团队或者千人团队？

你有没有想过，你在多久要成就多少个月入1万的成员？

你有没有想过，你在多久要成就多少个月入5万的成员？

你有没有想过，你在多久要成就多少个月入10万的成员？

这些都是目标，而且很明确。

在《我是微商：月入50万微商修炼笔记》中，我提到了一位淘宝双金冠卖家转型微商，他是淘宝品牌梵曦诺的创始人小馨，也是希娜＆森米拉风帮商学院的创始人，他在万人迷学习之后立刻决定让我做公司转型微商的总顾问，我们仅仅通了一次电话，甚至没有一纸协议就达成了合作，为新品牌"希娜＆森米"进军微商做整体培训，我出任"拉风帮微商MBA商学院"院长，合作的内容仅仅只有以下3个目标。

（1）微商销售业绩突破5000万元。

（2）在团队中发现并培养出5位演说高手。

（3）根据微商发展的趋势，每个月为团队量身定制两堂精品课程。

仅仅7个月的时间，团队中就有5位团队长业绩突破1000万，直接达到之前定的目标，而在2016年，公司微商体系的整体业绩将向1个亿进军。

我们不仅仅在每一次课堂中分享销售及团队经验，更将它变成课后作业、让各个团队的领导人当成目标去完成，一层一层地执行下去。

6.2.3 我会持续地做些什么

愿景不是白说的，这是我们阶段性的奋斗目标，我每天告诉自己，我还要做些什么，我要在多久做成什么样子，我们持续做了些什么。不管是一对一还是一对多，我只要有机会跟他们分享，就一定会告诉他们，我持续做了些什么，我持续不断地在努力付出些什么，我是怎么进步的，我是怎么要求自己的，我是怎么拉高这个团队成员收入水平数值、拉高我们的项目在行业中间的整体地位的。我会持续不断地做这些事情，为了这个目标我一定要这么做。

比如，我每天在群里分享，之前是逼着让自己的大脑进货、出货，而现在，分享成了一种享受，让更多的人了解我，我可以通过分享，建立团队的影响力，从分享的点滴中将零碎的思维整理成一套一套的学习成长体系，也在分享的过程中，成就一批又一批的万人迷学员。

有了想法，很多朋友仅仅是保留在大脑中，永远不执行或者永远不分享，我有想法一定会第一时间分享出去，于是就有了“我是微商”系列丛书。我对自己的要求也很明确，开发一套课程，就写一本书，这是我未来一直要坚持做的事情。很多人说，你把知道的都分享出去了，脑子里不就没货了吗？我说恰恰相反，只有这样才能快速放空自己，才会有源源不断的新思路进来，我的思维才永远不会枯竭。人的大脑不断地用才会变得更灵活。**一个杯子中装满了水就再也装不进去其他东西，但空杯却可以装任何它可以装的东西，比如酒、水、醋等。**

我不断地在团队中做各种工作标准的执行流程，包括文档怎么写，文档需要用几号字，用什么字体，多少行必须换段落，一段最多多少字，哪些是需要标红的，哪些是要标粗的，哪些是要标准黄色背景的，等等，这是设计文档的标准。

在微信群中分享也需要建立文字标准，比如主持人说哪些话、讲多久、分享嘉宾的介绍标准、什么时候推送公众号、什么时候推送嘉宾个人微信号、什么时候推送群管理员号等。

这是我持续在做的各种各样的标准，我要看到自己每一天的进步，所以我每一天都要做总结。我也要看到每一个月自己是如何走过来的，有哪些不足，在未来要去把它做得更好。未来的 1 个月、3 个月、5 个月，甚至 1 年的时间都要提前去预知，团队的领导者一定要比谁的眼光看得更长远，谁的路走得更长久。

当万人迷微商特训营做完第 1 期的时候，我马上总结这一期的课程内容。哪些可以优化，然后问卷调查大家还希望添加哪些内容，包括我们未来怎样招收学员，如何让大家更能亲密无间地在一起学习、分享，如何把万人迷当成学习的大家庭。就这样，截至 2016 年 2 月，我们 14 个月，初级付费参与分享会的成员（子社群）有 10 000 多人，微商夜大、玩图社、名人堂、作家团（子社群）各 10 多期，中级付费学员 5000 多人，万人迷微商特训营（主社群）开办 30 期，高级付费学员 2000 多人。万人迷成为行业内价值感最强、气氛最活跃、活得最长久、口碑最好的微商成长与学习型社群。

我有一个目标，我们只招募 10 000 位万人迷同学，把每个人打造成为影响 10 000 人的微商领袖，那万人迷的品牌影响力就可以达到 1 亿人次。经过一年多的不断前行，我们已经拥有了 2000 多位高级付费学员，他们来自全世界，他们从不同的行业、不同的角度，诠释着微商行业的新气象与新动力。

有同学问，万人迷同学满 10 000 人后怎么办？我和老壹老师要把万人迷打造成一所专注学习移动互联网知识的“千年学府”，要让每位学员都能够通过分享自己的价值发生不同层次的改变。不是学习了就能改变，而是学了、用了、分享了、消化了，才能发生质的改变。玩移动互联网必须学会分享，于是我们创造出各种平台，为大家提供舞台分享，如玩图社、名人堂、作家团、夜大、万博会，我们不断地让大家成长，之后再去辅导学弟学妹们怎么去分享，甚至告诉大家要分享哪些内容，如何让自己的分享被微友们喜欢，这是我们持续在做的事情。

我自己也是在不断地学习和进步，我花高额的学费和时间，学习销售、营销，打造团队、打造系统、分享演说。这一切都不是天生的，而是后天自己的选择。

正是因为不断地付费学习，才更为珍惜，我将它们全部融合起来，针对微商行业打造出一套又一套和微商无缝连接的课程，才有了万人迷各大社群。我和老壹必须提升自己的眼界，只有这样才能够让自己永远站在行业的最前沿，也只有这样才能够让我们成为行业标杆，让我们的学员和客户知道，未来的他们将会是哪种美好的样子。

团队长一开始需要把自己打造成明星，在未来要把团队所有愿意成长的伙伴都打造成明星。否则你会累死不说，队员也无法成长进步。所以我们每天都在做的事情是对团队队员的各种量身定制的辅导，告诉他们怎样去发朋友圈，怎样去分享，怎样在微信群里边互动。不仅是辅导，还要激发他们真刀真枪地“干”一次。

我来分享一下，自己每天在做的事情，你需要像我一样，为自己的成长和团队成员的进步，定制各种规则。

1. 养成精进的习惯

我每天会在朋友圈书写“日日精进”，很多伙伴不懂什么叫作日日精进，**“精”就是心要专，“进”就是行动积极，不懒惰、不后退。时间稍纵即逝，所以我们要专心把握，要“精进”。**

有人说，世界上有 4 种马：

第一种是良马，主人为它配上马鞍，套上辔头，它能日行千里，快速如流星。尤其可贵的是，当主人一扬起鞭子，它一见到鞭影，便知道主人的心意，迟速缓急，前进后退，都能够揣度得恰到好处，不差毫厘。这是能够明察秋毫的第一等良马。

第二种是好马，当主人的鞭子扬起的时候，它看到鞭影，不能马上警觉。但是等鞭子扫到了马尾的毛端时，它也能知道主人的意思，奔驰飞跃，也算得上是反应灵敏、矫健善走的好马。

第三种是庸马，不管主人多少次扬起鞭子，它见到鞭影不但毫无反应，甚至皮鞭如雨点般抽打在皮毛上，它都无动于衷、反应迟钝。等到主人动了怒气、鞭棍交加打在它的肉躯上，它才能开始察觉，顺着主人的命令奔跑。这是后知后觉的庸马。

第四种是驽马，主人扬鞭之时，它视若未睹；鞭棍抽打在皮肉上，它仍毫无知觉；直至主人盛怒至极，双腿夹紧马鞍两侧的铁锥，霎时痛刺骨髓、皮肉溃烂，它才如梦方醒，放足狂奔。这是愚劣无知、冥顽不化的驽马。

这 4 种马好比 4 种不同根器的众生。

第一种人听闻世间有无常变异的现象，生命有殒落生灭的情境，便能悚然警惕，奋起精进，努力创造崭新的生命。好比第一等良马，看到鞭影就知道向前奔跑，不必等到死亡的鞭子抽打在身上，甚至丧身失命后才后悔莫及。

第二种人看到世间的花开花落、月圆月缺，看到生命的起起落落、无常侵逼，也能及时鞭策自己，不敢懈怠。好比第二等好马，鞭子才打在皮毛上，便知道放足驰骋。

第三种人看到自己的亲朋好友经历死亡的煎熬，肉身坏灭，看到颠沛困顿的人生，目睹骨肉离别的痛苦，才开始忧怖惊惧，善待生命。好比第三等庸马，非要受到鞭杖的切肤之痛，才能幡然醒悟。

第四种人当自己病魔侵身，四大离散，如风前残烛的时候，才悔恨当初没有及时努力，在世上空走了一回。好比第四等驽马，受到彻骨彻髓的剧痛，才知道奔跑。然而，一切都为时过晚。

4 种马，你喜欢哪一种马呢？ 4 种人，你属于哪一种呢？如果你的回答不能让自己满意，那就用行动创造一个新我吧。

要知道懒惰者是时间的牺牲品，是世俗种下的恶果，我们必须时刻警惕懒惰附体，做到日日精进。

一个精进修行者，白天黑夜都不会空过，都会积聚功德，不再向下堕落。精进者还能获得过人之法，功德日日增长，犹如盛开的青莲花。据说青莲花种子微小，却能生长出硕大的茎叶和花朵，这就是精进的力量。

精进不是“一日曝之，十日寒之”，不是今天精进，明天就后退；也不是向前走一步，向后退四步，而是年年修、月月修、日日修、时时修、刻刻修。刻刻精进、时时精进、日日精进、月月精进、年年精进，随时随处都要精进。

只有写了日日精进，我才能知道我曾经做了哪些事情。我每次回顾自己的朋友圈就知道，我曾经做了哪些事情是令我感动的，日日精进代表着每一天进步一点点。也有人说，每天进步 1%，那 365 天后你将具有 1 年前自己的 365% 的能力，能力提升 3.65 倍，还有什么可以阻挡自己的进步呢？

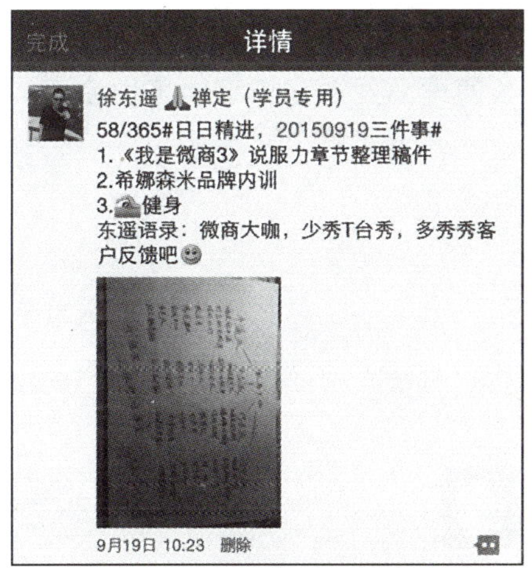

日日精进，激励着自己每天都有意识地在点滴中积累知识，学习做人，学习做销售的思维，回顾这一天也知道自己已经前进到哪一步了，接下来可以进行哪一步。

2. 养成积累的习惯

截止到 2016 年 2 月，我已经连续 700 多天录制自己的有声电台，使我获得“音媒体第一人”的称号。

录电台的时候，我也有过肚子里没货的感觉，我学会了将朋友圈当成自己的日记本，记录一天发生的趣事，闲暇的时候翻回去看看，把它们用语言表达出来，录成电台，“我是微商”系列丛书中有很多的内容都是出自日常积累的分享。

3. 养成总结的习惯

每个人都爱幻想，我也一样，天马行空的想法很多也很零碎，大多数过段时间就忘了，再也想不起来了，有时还会有一点点后悔，怪自己为什么不把它们记录下来呢？现在我养成了一种习惯，有想法的时候，我就会马上掏出手机，打开记事本记录下来。

在安静的时候，再去回顾一下，就知道我今天在什么时间、什么地点、什么环境又悟出来什么道理。我把它总结出来也会变成我课堂中的案例或者电台中的节目，我使用“有道云笔记”这个软件，时刻在不同的手机、电脑中汇集自己的点子。

在电台中，如果实在没货讲了，我就去跟大家分享好听的歌，或者读别人的书，又或者分享八卦新闻，所以无论如何都要坚持，不要给自己放弃的借口。

4. 养成阅读的习惯

我喜欢看书，所以突然间有一些灵感，需要恶补知识的时候，我就会去网上把相关的书籍全部买回来，每次少则 3 本，多则 10 多本。我看书的速度很快，10 ~ 20 分钟就看完一本。**看书的方法也很简单：把书当成字典用。**《我是微商 2：21 天逆天文案修炼笔记》中有一个章节，专门介绍我速读与吸收知识的技巧，这里不再赘述。

5. 养成冥想的习惯

我们需要给自己一些时间安静地思考。很多大师一天会让自己有 30 分钟或者 1 个小时的冥想时间，我们虽然没有那么高的修为，但也可以利用闲暇的零碎时间去放空思绪，静静地想一想。比如，饭前饭后出去一个人走走，睡前闭上眼睛在大脑中幻想，一切放空。养成这种习惯后，不但不会失眠，反而会有助于睡眠。在冥想的时候想出来的点子就像做梦一样，有时候很滑稽，有时候又特别有用。我有很多点子都是在冥想中产生的。

6. 养成锻炼的习惯

每天锻炼身体。哪怕不能去健身房，我也要在家里去做各种有氧训练，因为身体是革命的本钱。我看到身边很多微商伙伴，每天熬夜到很晚，有很多人慢慢地眼睛近视了，有些朋友颈椎病出来了，有些甚至得了更严重的骨刺及内出血，这都是我见到的身边的真实案例。

我问他们，大病一场，你的感悟是什么。他们说，玩什么，都不能玩儿命，什么钱都是靠身体拼出来的，身体才是革命的本钱。朋友们切记，工作之余多做运动，多去爬爬山，玩玩水，多花些时间陪陪身边的人。

7. 养成沟通的习惯

团队做不大、做不强，最大的问题就是沟通不到位。我会时常翻阅一下学员的朋友圈，他们非常棒，尽管大家都尊称我为老师，但我知道，在他们每个人身上都有着不同的从业经历，有着更多的点子，是我的脑袋想不出来的，我会借着为大家辅导的机会，不断地与这些“高手”进行思维碰撞，创造出更多的行之有效的方法。这样，在帮助他们的同时，也让我得到了很多的思维启发。很多时间，有用的点子和有效的方法，不是来自自己的大脑，而是我们在和每位实际操作者沟通交流中碰撞出的成果。

现在我常在本地做各种线下沙龙，将我的学员以及他们身边从事微商的朋友聚集在一起，共同探讨各种营销的方法，每次的线下活动都能整合到很多的资源，挖掘出非常多的牛人和干货，这些都是沟通带来的价值。这是我 2016 年战略发展的重点：从线上走到线下去沟通。

这些都是我一直在做的事情，我不断地通过朋友圈和微信群展示出来，让身边的伙伴知道，我自己“身先足以率人”。微商团队共同创业是一个很特殊的合作方式，我们的伙伴无法 24 小时待在你的旁边。如果他们不知道我们在做什么，我们一定要告诉他们自己在做什么，而且还需要持续不断地让他们看到、听到。

大部分的领导者在激励他们的伙伴时，通常都不会讲到这一点，他们不会讲他们到底在干什么，他们只会说你们为什么不好好努力呢？你们为什么没有达到目标呢？讲完后，伙伴们听起来感觉到的总是埋怨，不仅没有被激励到，反而适得其反。所以，你激励队员的时候一定要彻底详细地告诉他们你到底在做什么。

你要告诉他，你昨天做了什么，今天做了什么，明天要做什么，未来要做什么，统统告诉他。为什么一定要这样做呢？因为你需要问他，我做了这些，你又做了什么？如果你像我一样做，一定可以超越我，因为我将自己成功、失败的经验和总结出来的方法都已经告诉你了，可以帮助你节约更多的时间。我们不是要一起追求成功吗？我作为你的领路人，我不能让自己懈怠，因为我要做出表率来给你看，连我都在不断地努力，你一定可以和我一起追求成功的，是吗？

每次我通过这种方式进行激励的时候，听我分享的伙伴都会热血沸腾、心潮澎湃，内心充满了战斗力，马上开始，自我激励，立刻行动。我们在看很多历史剧和战争片时会发现，士兵们总是看着在第一线鼓舞士气的将军，他只要在最前线大吼一声向前冲，士兵们就会跟着冲。但是，如果他躲在士兵的背后，或者他根本不现身，那这场仗不打就已经失败了，因为他无法去激励团队，大家一起当了逃兵。所以激励团队最好的方法就是“御驾亲征”，亲自率军作战，站在第一线打好这一仗。

我常跟微商伙伴说，你不要一做微商就开始做团队，一定要在一个时期内，将零售先做好，有足够多的客户、粉丝和各种感谢、客户故事后，你才有资格用这些资本去说服其他人跟你一块儿干。

如果仅仅为了做团队，忽略了零售，就会被人说成“传销”了，团队没有销售的“灵魂”只想着去拉人头，货都一级一级地压在渠道中，团队及领导者在各种不和谐的环境中矛盾重重，团队的基因从头开始就已经坏了。

6.2.4 我可以帮你达到什么目标

当我们已经让队员们知道，我们的创业故事、我们自己的目标以及我们不断在做的事情的时候，他已经非常信任你，这时，他会想，你那么优秀，我是不是可以像你一样优秀呢？我的未来会是什么样子？

大家需要弄清楚的是跟着你干，自己可以获得什么，所以，你一定要制订出团队成长或者个人成长的计划，表明你可以帮助大家在多长时间内达到什么目标；你可以帮助大家创建一个什么样的平台；你可以帮助他获得哪些资源；你可以帮助他形成多大的影响力或者知名度。

我跟我的核心合作伙伴之所以能够持续不断地有这么强的凝聚力，就是我不断地向他们承诺我可以帮他们完成什么。当然我必须说到做到，才会有这种向心力。

如果我一直不断告诉他我可以帮你做什么，但自己却没有做，过了 3 个月，我又告诉他我可以帮你做什么，我还是没有做，那你觉得他还会相信我吗？

相反，如果我每一次的承诺都兑现了，他再跟我在一起的时候会怎么样呢？只有 4 个字，叫作“肃然起敬”，他会觉得，你说到的都做到了，未来，你做什么，我做什么，我只要听话照做就可以赚钱了。团队的凝聚力一下子就起来了。

我告诉我的学生，你有方法、有技巧，你愿意分享给其他的朋友，我就为你提供平台，让你分享，推荐你，让每次分享都会有粉丝追随。我们设计分享的流程和体系，我们建立了“微商夜话”平台，我们设计了蝴蝶令的“图腾”，分享者成为蝴蝶使者，每次分享过后就会有很多粉丝主动添加他为好友，吸引粉丝，成了万人迷。

我告诉我的徒弟们，你愿意研究透一个行业，持续花时间在上面，做一厘米的宽度，做一公里的深度，我就愿意竭尽所能帮助你把这块领地拿下来。我帮助六徒弟流年小筑出了《我是微商 2》，我的学员看到了，信了，我的其他徒弟看到了，信了，于是大家更有激情地去深挖自己的行业。本书就是我与学员默默一同写的。我的三徒弟曦曦在美容行业做了很久，结合移动互联网也做出了很多事情，我也帮助她出一本书，奠定她在这个行业的地位。

6.2.5 你可以做些什么

当我们有了明确的目标，有了明确的行动，包括有了我可以为你带来的帮助后，你应该向自己团队人员下明确的指令：我已经这样做了，你愿意做些什么呢？你可以怎么做呢？

这时你就可以将自己团队中的一些队员的成长规划拿出来，让伙伴们去执行了。如果没有前几个步骤的激励，你的团队成员是不会相信你的。当我把自己成长的经历目标以及我帮助的伙伴的结果拿出来后，很多朋友就开始按照我规划的这些步骤操作执行，他们养成了写日日精进的习惯，养成了积累、总结、阅读、冥想、锻炼的习惯，最后发现，做微商，当自己不去刻意追求利益的时候，反而利益会主动找上门来。这就是我常和大家说的，**微商，就是逼着我们做好人，做名人。**

6.2.6 分组进行比赛

激励团队最有效的方法就是办比赛。这是一些实际操作的步骤了，万人迷、名人堂、夜大、作家团、玩图社常办比赛，大家多参与就好了。

如果不分组，队员之间就感受不到协同作战是如何配合的。很多人认为，做微商一个人知道所有的事儿，干所有的事儿就对了。这是大错特错的，**现在这个时代，已经没有属于一个人的互联网，独自做事情的成功率非常低，哪怕你在任何领域都是高手，但让你一个人来做的时候，也会力不从心。**分组比赛的时候，我们可以指定组长，指定辅导员、群管、客服，分配各种职能，谁负责吸粉，可以通过哪些渠道来；谁负责群互动，哪些情况下激活群互动；谁负责客服，遇到问题通过什么流程拉群；等等，每个人负责一块儿，整个流程就会非常快地执行下去。这样做也会让队员们在一个职位重复地做一件事情，这样最容易成功，成功就是把一件简单的事情重复做。更关键的是，分组比赛，每个人在自己的岗位上都会有极致的体验，事后可以形成标准的文档，是可以留存下来复制到下一次的经营中的。而比赛又有团队的荣誉感，可以更好地激发每个人的动能和价值，为一件事情做极致的付出。

6.3　团队裂变时需要怎么做

我的三徒弟曦曦，她的能力非常强，一个月做了 300 人的团队，由于建团队太快，在人才复制上遇到一些问题需要我的帮助，那天我正在出差，晚上 10 点，跟她讲了几种管理团队的方法，在这里分享给大家：

她当时的问题在于，团队人数增长太快，自己管理太辛苦，力不从心，她需要从团队中优选人才，并且激励这些人才自动自发地行动起来。

我说，你按照以下几步，在团队中聊聊天，问题就可以解决了。

1. 没有大家就没有我

“没有大家的一起努力，就没有今天被大家成就的我，我非常感谢所有的小伙伴相信我，和我一起在微商之路前行。”

大多数人会认为，没有我就没有你，没有我帮你就没有你的今天。这些话这些事儿，是对的也是错的，力的作用是相互的，人也是相互捧和支撑的，时时要学会感恩。

电视剧《乔家大院》中有一个人叫孙茂才，由穷酸到落魄至乞丐，后投奔乔家，为乔家的生意立下汗马功劳，享有一定地位。后因私欲被赶出乔家，孙茂才又想投奔对手钱家，钱东家对孙茂才说了一句话让我记忆深刻：不是你成就了乔家的生意，而是乔家的生意成就了你！最终孙茂才再次陷入落魄。所以，不要问别人能给你什么，而要问你能为别人做什么，没有别人的平台，哪有你发挥才能的舞台，共赢才会大成，忠诚和感恩是最大的资本。

2. 我要成就大家

“这个团队不仅仅只有我一个人是明星，我即便是大家的老大，我也要把大家变成团队中的核心，让大家成为其他人心中的老大，我们一起成为团队的明星，让团队伙伴知道，不仅仅需要有我，还需要有大家，不仅可以成就我，更需要成就大家。”

一个人存在于社会上最大的意义在于他帮助了多少人，更高的价值是他能够成就多少人，让这些人除了得到自己的帮助，还能够通过我们打造的平台去复制，帮助更多的人，成就更多的人。在我们建立团队的过程中，如果抱着成就他人的目的来做事情，你就已经不是为己，而是为人，你已经有了激励自己的动力，为社会、行业、他人的收获在做事情。成就他人是最有成就感的，成就他人的收获也是最大的。

3. 我们共同进步

“我要带领大家一起分享，尽我所能，帮助大家打造自己的品牌课程，并且和你们一起，不断地优化，让每个人都有一手可以分享出去的绝活儿。”

想让自己能够越来越轻松，就必须让自己的时间和技能能够被复制，**成功的人都是会复制自己的时间，让更多的人帮助自己完成更多的事情而不是亲力亲为。**做团队，前期一定要花大量的时间建立执行标准，辅导愿意付出的队员，帮助得越多，对方越会和你更亲密、更感恩。

4. 我们共同分享

“我们一起吸引粉丝，团队一起来推荐你，让每个伙伴都来为你打气加油，让更多的人知道，我们是最强大的战队。”

微商团队最快的成长方法就是学会分享，在各个微信群分享，在线下分享，分享的过程就是营销的过程，分享的过程也是建立影响力和品牌的过程，共同分享，大家可以一起造势，让分享者不是孤军奋战，不再孤单。

5. 我们共享荣誉

“你和我一样，我们都是团队的创始人，我们是团队的五朵金花、七仙女，团队以后禁止说某一个人是老大，而我们这些核心骨干、一起拼的合伙人都一起抱团宣传，抱团推广。只有团队，没有个人。”

就用这 5 句话、5 个步骤，你就可以很快凝聚起团队核心成员，你会发现，人多真的好办事，自己也会更轻松，看似个人业绩少了，实际总业绩和收益却能提升很多，每个人的平均收入都会上涨。

6.4　演说稿:《我是如何激励出第一批铁杆合伙人、30 分钟零售 50000 元的》

主题：万人迷名人堂悄然私募 108 名合伙人

分享地点：万人迷蝴蝶令微信群

我做一段简单的分享，时间大概 30 分钟。

这里的小伙伴，都是万人迷的精英和财富，这里的每一位小伙伴都践行着参与即学习、分享即营销的万人迷宗旨。只有这里的每一位小伙伴才能够体会到，分享给我们带来的快乐、价值、财富。就在前几天，我进行了万人迷资源的梳理，让我非常激动和欣慰！这个秘密我必须说出来！

尽管老壹老师不想让我说出来。行内有很多所谓的大咖，所谓的牛人，说自己社群多牛，千万上亿的收入，真实的没有多少。我和老壹算了一下，万人迷短短的 10 个月的时间，已经达到 X00 万营收。这在移动互联网上是一个奇迹！

这两个老男孩，从不认识到现在，分居在两个不同的城市，只见了 8 次面，连一纸协议都没有，对大家来说，这是一件不可思议的事。因为我们当时的发心，一开始为家庭，到后来为学员，再到后来帮助大家的成长，一步一步让我们通过建立个人品牌、分享利他走到现在，所以我一直在讲，**过程很重要，发心很重要，赚钱只是结果！**

就在前一个月，我花了大量的时间和精力建立万人迷微商特训营的流程以及各大社群的流程。这里有很多万人迷的老学员，所以，我叫大家“老人家”。虽然，我们每个月都在进新人，每个月都有老学员毕业，但我知道，我们的心在一起，也希望每次课程，大家能常回家看看。

现在，我对大家进行一些万人迷分享利他的事迹汇报一下。

万人迷的第一个分社团万人迷作家团，是团员的请举手。(此时几十人举手)

这是我在 2015 年 3 月份花 30 分钟写一篇文案缔造出来的，很幸运的是，我的六徒弟流年小筑把它发扬光大了。短短 160 天，已经帮助了 330 多位小伙伴，通过写作改写自己的微商命运！不仅如此，流年小筑将成为未来，10 月最畅销书籍《我是微商 2：21 天逆天文案修炼笔记》的第一作者，我仅仅是辅导员。他在微商界、文字界、营销界树立了自己的江湖地位。

也很开心，在 4 月份左右，我很幸运地结缘了@小小积木师陈扬，他很有才华。他创立了万人迷玩图社！是玩图社学员的请举手！（此时几十人举手）

短短两个月的时间，小小积木师在万人迷声名鹊起，未来两个月，会享誉整个微商界。因为经过万人迷为他的精准定位，以及我们提供的大量资源，目前全国很多微商大咖的戒指信物都由他设计制作，包括我的入室弟子。

当然，还有我们的微商夜大，在为万人迷提供源源不断的新鲜血液。在微商夜大的小伙伴，请举手！（此时几十人举手）

@雨柔，是微商夜大的主事人，是我的领导。为啥呢？夜大在万人迷招生，她要发工资给我。微商夜大通过尝试分销体系，也在短短 1 个月的时间内，超越了曾经我们的老家“星移社” 6 个月的销售业绩！

大家有没有发现一个现象，爱学习的人永远会在一起，永远会陪伴一生，不断地去学习，相互支持，相互激励！

大家可能不知道，@雨柔团队付出了多少时间、精力、金钱。大家也不知道小小积木师付出了多少价值、财富！大家只知道，流年小筑是我的徒弟，花了好几万！

我有一个非常庞大的计划：继续、持续、一直寻找万人迷中的佼佼者！

发现大家的优势，辅导，放大，帮助大家，成就一批万人迷的核心万人迷！

所以，今天在我们的“老人家”群里，发布继万人迷作家团、万人迷玩图社、万人迷微商夜大后的第四大社团。这个社团我只能用三个字来形容，就是：

不得了！

它可以帮助大家：

（1）拥有大量精准慕名而来的粉丝！因为这些粉丝来之前已经知道你是一个非常牛的名人了；你永远不用再去加人了，永远被人加到手抽筋。

（2）可以让大家在一个分社群中不断地进步，让群里所有人帮助你成长，为你不断地提供优化意见。

（3）找到自己的优势和兴趣，并不断放大，千人捧、万人推！

这个项目叫作——万人迷名人堂！

名人，代表着品牌！

名人，代表着信赖感！

名人，代表着影响力！

名人，代表着大量客户资源！

名人，代表着大量社会资源！

来万人迷名人堂，我帮你成功！

万人迷名人堂，高手的云集地！

众人帮你变大咖，让你站在“巨人”的肩膀上！

名人堂一起来推你，帮你吸粉，帮你做影响力！帮你做高大上的品牌定位！

来名人堂你可以获得：

（1）价值2000元的报团互推资格：名人堂成员报团推荐你，做你幕后的推手！

在朋友圈塑造你，推崇你，为你加优质精准粉丝，让粉丝慕名而来！

（2）价值1000元的堂内小伙伴们的相互指导，打造高吸引力朋友圈。

（3）价值199元的顶级视觉设计师为你私人定制的名人堂宣传海报一张。

（4）价值1000元的持续不断的名人分享会。

（5）无价的名人堂人脉资源。

今天，在本群私募第一拨名人堂联合发起人！

这不是课程，而是大家一起在一个阶段共同成长进步，相互激发、鼓励、促进，一起挖掘你的潜力！所以，你不需要像我的徒弟一样给我几万元的拜师费；也不需要像小小积木师一样，花费几个月的心思做价值付出；更不需要像雨柔一样，花近半年时间来提前贡献价值。

今天，在夜话天下的小伙伴们，只需要……只需要×99元！

就可以成为名人堂的联合发起人，共享名人堂资源，共享名人堂红利。

本群只开放30个名额，因为还有千年学府1群和2群。还有1000位万人迷。

这是第一梯队！

具体玩法：互推互帮、互相监督，打造明星专家朋友圈，日常练习达标后申请“报团互推”，每10人一组，轮流帮忙打造一位“名人”。一组完成后换组帮忙打造。如果日常练习完成良好，表现出色，可申请名人堂“百人推荐”！

合伙人权益：凡获得“合伙人”资格，只要你推荐的好友进“名人堂”，即

可获得 ××% 的合伙人权益。仅限前 108 位！推荐人数达标者奖励“名师推荐”！东遥老师、耕耘老师、万人迷导师在朋友圈“推荐”你！

聪明的人一眼就可以看出，暴粉的价值和群众信任背书的价值，已经不是用千元和万元来衡量！

那么，现在开放报名渠道。你准备好了吗？立即扫描二维码抢占名人堂合伙人名额！

未来，我们还要干出 5 个、10 个万人迷分社群，帮助大家，将自己的事业发扬光大，打出自己的品牌，建立自己在移动互联网上的领地。帮助大家，互推互捧，坐收千万粉丝。更重要的是，让所有小伙伴在一个有人监督、促进、相互激励的环境中不断前行。

凡获得“合伙人”资格，只要你推荐的好友进“名人堂”，即可获得各种合伙人奖励。

名人堂，很负责任地告诉大家，未来会不断地涨价！因为我们越来越牛，带动的人群就越来越多，我们的价值就越来越大，吸引的粉丝就越来越值钱！

名人堂只干一件事：帮你成为名人！我们相信，众人捧你的那一张截图、众人添加你的那一张截图只要发到朋友圈，就有人愿意找你入伙！

获取不了有信赖感的精准目标客户，这是未来移动互联网创业第一大痛点！解决了这个痛点，就有人埋单。我们不断相互塑造，打造这个群体，这一辈子就不断有人埋单。

利人了，就利己；助人了，就助己；帮人赚到钱了，钱就自己来了！

我分享完毕，耕耘老师补充几句吧。

耕耘老师：

这里有大师姐，有小懒，有幼熙，有珍玉，有李嵘……还有我和东遥老师。这些老师都会成为我们幕后的推手，名人堂的每一位合伙人真的是锦上添花。

大家都知道，我在万人迷互帮互助做得是非常不错的！没有人帮你，很难。有人帮你，真的很轻松。每个合伙人都有自己的优势和粉丝团队，如果大家一起抱团，不得了。这是我一直以来的梦想，遇到东遥老师终于要实现了。借助万人迷这个大平台，有东遥老师和我做大家的背后力量。

徐东遥：

万人迷官方五大社群：万人迷微商特训营，万人迷作家团，万人迷玩图社，万人迷微商夜大，万人迷名人堂。

互帮互助，今天载入史册，未来的历史，期待大家来改写！

以后的事情就是我扶持各位合伙人做好自己的社团群，然后我们一起去各个社群串场做分享互助，有名，有利。

短短 30 分钟，蝴蝶令 @ 微商夜话群所有席位已被抢完。其他社群逐步抢完所有名额。一个新的社群从此诞生，开始了自动化裂变与扩张的过程。

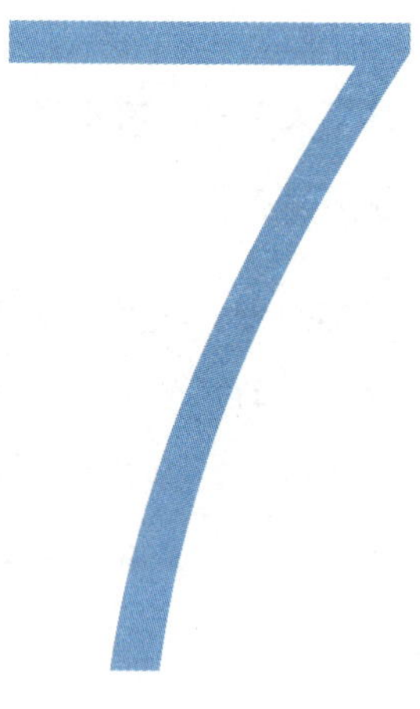

第7章 实例：如何从零开始打造一支强悍的微演说部队

做好团队唯一的秘诀就是：激励、激励、再激励。微商团队要做大做强，必须拥有一大批超级无敌的演说家；微商团队发展战略中，演说家的培养应该放在第一位。万人迷微商特训营第一堂课，我就告诉大家，纵然你在特训营中学到非常多的可操作性的内容，不如你将这些内容面对千万人不断地分享，我要培养的是微商教练、微商的人生导师！所以，我不断地在特训营中激起大家的斗志，找到乐于分享的人，把他们一步一步地培养成为万人迷的导师。万人迷导师团就这样诞生了。我将自己激发人才、筛选人才的几段演说稿系统地拼接起来，整理成为这一章的内容，希望大家能够从中受益。

7.1 场景一：在学员群中海选分享者

场地：万人迷千年学府 1 群、2 群

听众：万人迷微商特训营成员

主题：海选分享导师

内容：

各位，宣布一件事儿，微商界要发生大事儿了，老人们快快苏醒。

各位伙伴下午好，宣布一件好事儿，也是件大事儿，这是对每个小伙伴都有利的事情，我要在万人迷内部选拔出 30 位分享嘉宾，这 30 位分享嘉宾，不一定分享微商，你可以分享自己最最得意的技能。

我会给大家提供很大很大的平台，到底有多大呢？我跟大家讲一下。万人迷现在和全国最大的微友社群“微友公社”合作。这个社群由郑清元老师发起，今年 4 月成立，目前为止，在全国 200 多个城市建立了公社，已经拥有 400 多个地方社群，60 000 多名微友。关键是，这些微友资源，只有 20% 左右是微商。

那么，剩下的 80% 的资源，是对移动互联网感兴趣的人。而我们每个人，都可以借助“万人迷”的影响力，成为“万人迷导师团”一员，我们专注做教育和分享。我们每个人也可以借助“微友公社”的影响力，申请成为“微友公社”地方社群负责人，这代表着未来你的大名，将会出现在微友公社官方网站上，成为地方接头人。有人要加入地方社群，必须先加你的微信。

这不是最兴奋的，更兴奋的是，你可以在这里展示自己的才华，由几万人一起塑造你，你将成为国家级的分享导师。目前的资源有 400 多个群，也就意味着，只要你还愿意，我们就可以安排你去分享，直到你不想了。所以你要记住我讲的一句话：销售自己的技能，销售自己的知识，提升自己的影响力！

每位成为“万人迷导师团”的同学，你将会免费获得组织为你制作的“高大上”的海报。将会有无数的你不认识的人帮助推广，提升你的影响力。那么现在我发一个群二维码出来，还是那个规则：数量有限。大家进来后，务必 3 天内，务必 3 天内，3 天内提交你的分享内容，经审核才是最后留下来，目前这个方案已经在 2 群公布，已经进入了 62 人，还有 38 个席位。

关键是，这次你可以得到我的指导。分享任何可以帮助他人的知识都可以，分享你的知识，帮助到他人，成就自己。报名通道，即刻开启！

7.2 场景二：动员未来导师提交分享主题的演说

场地：经迭代后的万人迷未来导师团微信群

听众：自愿报名申请成为未来导师的万人迷学员

主题：海选分享导师

内容：

各位小伙伴们好，今天是万人迷 1 群、2 群活跃的伙伴一起会师，给大家 2 分钟的时间疯狂地刷花，手机内存不足的，直接刷到他换手机为止。

1. 微友公社和万人迷强强联合

现在由我来分享。报告各位老板，因为我用电脑版，所以，没有爆机，呵呵！今天天气很冷，武汉，10 摄氏度，但这并没有阻挡万人迷同学的热情。我今天很兴奋，今天和大家的互动，让我感觉到：生命不熄火，奋斗无止境！我们每天都必须有激情，必须充满着斗志！

今天，短短 10 分钟的动员，我们来了 100 位热情的伙伴，这扇大门即将关闭，这就是万人迷。很多社群需要提前通知，提前预热。咱们是要用“抢”位置来决定一起玩的资格，关于我们和 @ 郑清元元帅老师创建的“微友公社”合伙，这将是一次震惊全国的旅程！@ 郑清元元帅，郑老师是我的人生贵人，是他把我带到了世界微商大会的舞台。不仅如此，他还在短短 6 个月时间，创办了全国微友第一社群“微友公社”，而今天，微友公社和万人迷强强联合！

微友公社，专注做社群，放大微友资源，解决微商的前端引流问题；万人迷，专注做教育，放大个人品牌，解决微友教育问题。这两个平台加在一起，不论你有多渺小，我只能说，你一只脚站在微友公社，一只脚站在万人迷，是个猪都能飞起来！我、老壹老师和@郑清元元帅老师，将在全国推行“微友公社＋万人迷”模式。微友公社就是万人迷，万人迷就是微友公社！你说自己是大咖没人相信，我们一起说你是大咖，别人就信了！

2. 启动计划：招募分享导师

这一次的讲师招募，仅面对万人迷这个群的伙伴，从大家第一次来到万人迷，我就跟大家说过，万人迷实际教给大家的是做一位移动互联网的分享者，也是一位讲师。之前，我们的分享范围很窄，仅仅针对微商，仅仅针对赚钱，但现在，我们全部放开，只要你在某个领域有积累，都可以成为我们的分享导师。我们将打破移动互联网的“陋习”。我们将拯救这个行业！

为什么是拯救？因为，大咖都开始复制粘贴了，大咖都开始没有货了！为什么没货？因为高手在民间！只不过你缺乏一个平台，缺乏一群推你的人！所以未来，你只要分享，你只要利他，你的一切都可以分享出来！如果你是一位民间美妆高手，你是一位民间养生专家，你是一位健康专家，你是一位育婴专家，包括你是实体运营者，你的店面非常火爆，还有@二表哥的野猪肉如何卖到全国的，大家都可以来分享！

现在这个平台即将将大家推向全国！所以目前100人中，我们需要审核出30位伙伴，10进3哦！10进3后，你将得到我的亲自辅导，我会帮你优化讲稿，我会帮你优化分享逻辑，我会帮你优化塑造价值。这些是我的徒弟们暂时都没有得到过的福利！

3. 启动计划：招募审核规则

现在，我来讲一讲审核规则：

（1）你必须有一个让人流口水的分享主题。你大可不用担心你和其他人分享的内容一样，我们会择优录取。

（2）你必须有一个自我塑造的江湖传说。比如专注养生 8 年，有 ×× 师证，一定要让大家听起来你很牛！但是特别强调，这个“传说”必须是真实的！

（3）你必须分享一套知识体系。哪怕是一个案例，你也要把它拆分成 1、2、3 个步骤，让听众有直观的认识和收获。

（4）你必须有真实的案例。这里牛了，你可以植入自己的事业。

（5）你必须 3 天内提交这些内容到一会儿我发布的问卷星链接中，3 天后没有提交的伙伴，将被移出此群，请大家不要介意哦。

再次申明，你可以分享一切可以帮助别人的事情，不限于营销，包括搞圈子、混人脉等；包括沟通、灵修等。我来做问卷。15 号晚上 23:59 截止，16 号开始清理本群，算上整个时间是 3 天半，未来，上得了厅堂的小伙伴，全部要经过审核哦。3 天时间太久了，其实，真正要做，20 分钟就完事了，这个过程是大家自我审视的过程和自我总结的过程。每个人都很优秀，很有价值！只不过，你没有总结过自己的知识。

璐少：

我通过在万人迷的学习，11 月 9 号做一次分享，到 11 月 11 号仅仅两天时间，我就通过这一次的分享，两天内挣得了 2300 元，这是真实的事，我自己都出乎意料，这就是万人迷的魅力，万人迷真的改变了我太多太多，感恩万人迷的各位老师。

耕耘老师：

唯有入“迷”，才不会路“迷”；

唯有入“迷”，才会静心和专注；

加入万人迷，我们一起为梦想入“迷”！

7.3　场景三：为未来导师辅导“现场分享的逻辑”

场地：经迭代后的万人迷未来导师团微信群

听众：自愿报名申请成为未来导师的万人迷学员

主题：如何设计一场有逻辑的分享

内容：

各位导师晚上好！我来即兴点评一下大家提交的主题，因为这几天太累，不能一一点评，但我会从 100 份选题中优选出第一批选题。

不过，这不影响我们大家的成长与进步，一会儿我来点评，大家也可以当成一次咨询或者一次分享，把其他人的主题中出现的问题或者需要注意的事项，套用在自己的主题中，一样可以进步。

@ 侯淑芳《好父母决定孩子的一生》，标题不要用观点，需要用塑造，比如《影响孩子成长的五个关键》。

这是一个非常好的主题，和营销没有半毛钱关系。我们的主题中有近四分之一是和营销没有关系的，其中包括养生、家庭关系等，这是一次进步。

1. 主题要用标题党

那么先来说明第一点，就是标题。

话说，标题是广告中的广告，你的内容再好，若标题不好，就代表着就没有人听。因为无法吸引他人的兴趣点，他就容易错过。所以第一点，大家的标题，必须使用标题党！ @ 杨希斋《客户也疯狂》，@ 玮玮《易物就是变现》，**陈述式和观点式的标题不适合做日常分享，**因为目标听众不是目标客户。所以大家一定要使用标题党，必须站在一个角度：就是揭开某件事物的神秘面纱。

如何揭开？非常容易，用一些词去修饰。比如：如何类的主题、三个秘诀、四大方法、核心关键等修饰。**用数字 + 结果 + 提问的方式来优化你的标题，**你会发现，你的文案塑造水平提高 100 倍！

@璐少《随时随地随便谁，立刻马上成交你》。如果是我，我会改成《随时随地，无法拒绝被成交的三大秘密》，当然，主题可以继续优化。所以，大家必须再一次优化自己分享的主题。@小麦姐要分享"如何在线下举办沙龙"，这是一个很好的主题，但标题可以继续优化成为《小白如何轻松举办线下沙龙，让你的目标客户永不停歇》，这就是如何 + 结果，结果就是客户永不停歇。再用如何 + 数字 + 结果呢？《小白如何轻松举办线下沙龙，让你的目标客户永不停歇，一年创造 10 万影响力》，这已经可以成为主题的描述了。主题这一块了解了吗？

刚刚讲的是技术实现方式，现在，为大家分享一下角度。**主题写作的角度就是：永远想着，你能为对方带来什么结果，两个字就是利他。**所以，你不能用观点，因为观点总有对错，但利他是每个人都想要的。

有没有发现，大家都喜欢"如何"这个词，这就是在为大家"揭秘"。每个人都喜欢揭秘，尽管有可能这个秘密他知道一些，但他还是想知道是否是他知道的那个结果，这是人性。

2. 主题的角度：塑造

标题讲完，现在来为大家讲个非常关键的细节，这个细节可以瞬间让大家的分享第一时间抓住对方眼球和思想，但是，几乎没有人去用。为什么很多人内容很好却总是给人的感觉枯燥无味？原因就出现在这个地方，大家想知道不？

有了良好的标题和第一段对主办方的感谢外，记住，马上切入主题，哪怕我们的分享时间有1个小时，也不要讲废话！时间就是金钱，时间更是生命，不要谋财害命，同意吗？

好，大家看看我的分享就应该发现，我能时时抓住大家的注意力，尽管我还没有讲那个细节是什么，但我讲了不下10段的“废话”来引出一个关键点“时间”，这10段“废话”就是对一个观点的“塑造”。

跟我重复一次，没有塑造过的观点平淡无奇；经过塑造的观点才会被重视。那么，除了讲完主题外，你要花最少3个事例来“塑造”观点，这个一定要记录下来。塑造观点也有标准公式，这个标准公式就是：天堂地狱法。就是极致的对比。举例：如果我来讲成交这个主题，我不会一开始就给大家讲成交的步骤，否则大家会没感觉。

我一定会这样讲：今天，我为大家分享的主题是成交；成交是做微商真正赚钱的临门一脚。大部分人花了大量的时间做销售前的铺垫，却发现到成交这一步疲软了，最后你才发现，你前期的所有时间都浪费掉了，相当于浪费了自己的生命，所以大家认为，学会成交重要吗？今天晚上，东遥老师为大家分享的主题是：60秒成交术，有很多伙伴在学习的过程中就简单地拿去实践，没等下课就成交了代理。也有非常多的伙伴听完东遥老师的分享，比如万人迷7期的溪溪，1个月成交300个代理！2期的秋子4个月从10万业绩做到了千万业绩！今天我就将60秒成交术的详细步骤一一为大家分享，大家期待吗？

所以你在正式分享内容之前，一定要做一件事情是什么？对，塑造。产品有产品价值塑造，课题有课题的价值塑造。塑造的角度一样，利他，跟他有什么关系写出来，写出大家的痛，写出听完你分享可以达到的结果，你可以把他从地狱带到一个极乐世界。你要用案例、数字、结果、图片来层层衬托。当有一个好的标题和好的价值塑造之后，哪怕你说，你今天晚上有事儿，讲不了了，呵呵，这时也得到的是听众无限的期待，因为你已经在他们心中牛到家了！后面的内容就不重要了，明白吗？有了强大的塑造，后面的内容烂到极点也是干

货！没有塑造，后面的内容再牛也没有人听。

第一关键点，标题；第二关键点，塑造；第三关键点，还要不要听？

有没有发现，很多人的分享，让人听着想睡觉，知道原因是什么吗？

和布局相关，但我相信，我把这点说出来，你学会了，以后你就成为演说大师了！

任何小白学完这一招，就牛了！

是的，我喜欢在每一个观点前塑造，用大白话来说就是，讲一个观点前我要讲 10 句废话。但大家有没有注意到，这些废话重不重要？学术高手，真的很高明，但讲得大家想睡觉。演说大师真心没讲啥干货，但是非常入心！

3. 分享的细节：分解

好，我来公布第三个关键点，这个关键点就是：你塑造完你的观点和主题后，马上要告知听众，你今天分享主题的几个关键点。比如，我会说，今天的 60 秒成交术，我会从以下五个角度来为大家一一拆解，分别是：归因、融合、破解、造势与成交。下面，我来分享第一个关键点——归因。

意思就是：**把我们的内容分成条理，一一列出来，让听众知道，我们要分享什么，大概有几点，大概多长时间，其中真正的他感兴趣的点是第几个，大概什么时候能结束。**

我们来举例：当你分享 10 分钟时，还没有抓住对方的眼球，他很有可能直接关群退出，但当他知道你的架构时，知道第三个知识点是他非常想知道的，他还会继续去听，去关注，因为他知道大概在哪个位置，他可以找到他要的答案，同意吗？

这些秘密，真的，除了我，没有人会告诉你，超级演说家就是掌握了这些秘密，但他们不会告诉你，他们只知道，这样讲，就能收人、收钱、收心。

4. 分享的逻辑：观点

第四个关键点想不想继续要？这个关键点实在太关键了，关键到我告诉你，你又赚翻了。因为我们看到无数大咖的分享，也就那么回事儿。因为他们的分享中缺乏这一点，这就是分享之魂！为啥我能在短短一年的时间走了很多人三年五年的路，就是我会分享的逻辑。而大咖讲了非常多的干货，却不能引人入胜，因为他们都不知道这个秘密！

第四个秘密就是：还记得，我让大家把你的知识点写成一二三四吗？99%的人会讲知识点，会讲理论，但是，你记得东遥哥的这句话：**一个观点，一个故事**。来，大家一起把重要的话复制一遍：一个观点，一个故事！

记住，没必要讲理论，因为听众真的不是专家，他听不懂理论。你讲一个故事就好了，还记得我讲 60 秒成交术中的破解吗，我会如何分享？我会说，60 秒成交术，第三大步骤，破解，破解就是先为目标客户提供价值，在心理学中这是“互惠原理”。OK，观点到这里就完了，马上，讲故事。

我会讲，我在你最痛苦的时候借你 200 元，但不找你还，你会一辈子感觉欠我的故事。

我会讲，《无极》这部电影中，奴隶为什么为奴隶主卖命，“一个馒头引发一起血案”的故事。

我会讲，很多电视上演的“我会为你两肋插刀，仅仅是为了一饭之恩”的故事。

而我不会跟你讲，破解的理论、指标和参数；也不会跟你讲，这个理论存在于哪一年，由哪个专家提出来的，因为这些没有任何意义，同意吗？

所以，真正，我的价值百万的 60 秒成交术的精髓就 10 个字！

就像老子的《道德经》就 5000 字一样！就像《孙子兵法》只有 6000 字一

样！绝世经典！

上句话，我又用了一个绝招，叫作比喻法！我不断地在进行产品塑造，将它刻在我的灵魂中！不仅仅是比喻，还是高层说服与借力法！当借用了圣贤书来衬托自己的观点时，层次是不是高了很多？为什么用高层借力 + 比喻呢？因为有时你的分享，大家会感觉太无力或者听不懂。这是因为他不懂你的专业，所以你必须拿一个家喻户晓的人物或者事物来让他有感觉。这就必须用衬托法和比喻法。

还记得我有一篇文章叫《东遥首次揭秘：微商北冥神功》吗？我玩的都是这些套路，今天全部赤裸裸地给大家分解了！做一个牛气的分享者非常容易！就这些了，呵呵，这第四个关键点叫作一个观点，一个故事，有收获不？为啥要把这些分享给大家，原因就是，我们很多伙伴的内容写得过于专业。你必须用今天东遥老师的“化功大法”把这些枯燥的内容给融化成为通俗易懂的信息。

后天，18 号我上课《60 秒成交术》，听我上课是一种享受！你记住了吗，要用“化功大法”把枯燥的内容融化成为简单易懂的内容。一个观点，一个故事！比如，如果你分享的是健康知识，很多人会说，人会有多少氨基酸，多少酶，我听着就困了。我就怕这种分享，尽管非常专业，但它并不精彩！在这时，你就可以使用比喻法，把这些氨基酸等专业用词用一些形象的比喻和小故事代替，马上就生动了。

5. 分享的逻辑：总结

分享最后的一步逻辑，讲完睡觉，还要不要？大家还记得前四步是啥不？非常好，今天为大家分享的是：标题，塑造，分解，故事，最后一个逻辑就是：总结。有没有发现，我在给大家做演示，上一句话就是逻辑，就是一次总结。让大家能够马上转回去，从头理一次思路，让大家感觉到，自己原来学到了这么多东西！我不总结，听众就不会总结，听众的吸收率就会大大降低，甚至认为我没讲啥。就是最后的这一句话，总结一下，对方会马上感觉到，哇，我今天从你身上学习到了这么多内容！太值了！

6. 分享的逻辑：感恩

这还没完，大家知道我们去一个平台分享，能为我们加持多大的能量吗？我们平时，一对一地分享，一对一地做销售，而在一个平台中，我们可以一对多地分享，大家认为是不是要感谢平台的提供方？所以，我们必须从头到尾地感恩！感谢平台的提供方，这些话要成为习惯。感谢为你主持的主持人，感谢群管理，感谢社群的各位合作伙伴。感谢我们微友公社为我们提供的平台对不对？我们一起来 @ 一位伙伴好吗？

感谢 @ 郑清元元帅老师以及所有微友公社的家人为大家提供的分享平台，我们爱你。清元老师，历经 7 个月时间，无怨无悔，任劳任怨，在全国建立了 400 多个地方社群，微友公社的平台就要提供给大家了。我希望今天我抛砖引玉，用最实战、最有价值的分享，来感谢我们的 @ 郑清元元帅老师为我们搭建的平台，也希望大家能够记住，现在或者未来，我们的成功，除了自己的打拼，平台至关重要！人脉至关重要！你一定要感恩身边每一位推荐你的人，没有他们，你哪怕是一个天外飞仙，也会被抓到实验室去做研究。同意吗？

7. 分享的逻辑：推荐

万人迷和微友公社的这一次强强联合，使我们即将成为众人瞩目的明星导师，但大家一定记住，不忘初心，后面一句叫什么？不忘初心，方得始终。对，没有别人的帮助和推荐，我们永远还是在轮回。**怀大爱心，做小事情，**感恩身边每个人的时候，你会发现，你真有千人捧、万人推，你将会非常快地聚集身边的无限资源，得名得利，真的是无缘无故的，幸福就到你身边了！所以到最后，你一定要记得推荐群主，感谢群主！感谢主持人！

你发群主名片，群主就会发你的名片；你推群主的产品，群主就会推你的产品；帮助群主说一切捧他的话，你认为他会捧你不？就是这么神奇！

我刚刚为大家演示了一次，学会了吗？演示了一次推荐，有体会吗？所以，今天晚上我实际上讲了几点？大家总结一下。写下来：

标题，塑造，分解，故事，总结，感恩，推荐，七点，这就是一个非常棒的分享演说系统，不说价值千万，至少价值百万！我就用这套系统，让自己的分享深入人心！也用这套系统，让自己分享一次就拥有无限人脉！正是用这套系统让我一年走了别人 5 年的路，所以，大家以后要不要用这套系统去分享呢？这套系统，你千万不要公开，这是我是第一次公开分享，在我自己的弟子群中都没有分享过，只对未来的演说家分享，你一定要珍惜，因为这是我花好几十万学费加 3 年实践总结而来的！

今天受不了了，4 天封闭式培训有点体力透支，但我依然遵守自己的承诺，回来为大家分享，审核通过名单需要再晚一两天，但我知道，这一次的分享，有可能会改变你的一生。

@ 郑清元元帅，郑老师现在有空不？能不能为大家分享几句？

悦米：

@ 徐东遥除了佩服和感恩，我已经没有其他词汇更能表达我的内心了。

郑清元元帅：

实践出真理，东遥带你知！凡事不执行，一切皆为空！感谢 @ 徐东遥队伍跟上！复制感恩！

徐东遥：

感谢大家，为我加持这么多的能量！时间不早了，早点休息。今天有作业哦：继续优化你的标题、塑造和知识点 3 个部分。

悦米：

@徐东遥老师还有一句话，学会从成功走向成功，这两句话我每天自省！

徐东遥：

报名通道再一次为大家打开，你如果觉得自己之前写得很差，再给大家 24 小时提交时间，你有机会重生，进入复活营！

7.4　场景四：导师成长与赚钱计划

场地：第二次迭代出的万人迷导师团微信群

听众：提交分享主题并入选的万人迷特训营成员

主题：导师成长与赚钱计划

内容：

我开始分享。

众所周知，导师团经过层层筛选和审核，寻找出了第一批天使合伙人，也就是大家。更众所周知，越是在一个项目的建设初期，第一批合伙人的既得利益就越大，首先恭喜大家成为万人迷导师团的天使合伙人。

1. 成为分享导师的收获

我想问一下大家，你为什么要经过如此复杂、层层递进的筛选，加入导师团？请大家讲出你的心里话。有的伙伴三次、五次地修改自己的讲稿、主题，锲而不舍地为自己争取这个机会，大家都有名人风范，也都很聪明地选择了“名”，有没有人直白一点，因“利”而来呢？

大家记着，万人迷导师团是帮助大家名利双收的，在这个世界上，最简单的赚钱方法不是开家公司去运营，而是动动嘴巴把话说出去就赚钱。我这几年的创业生涯，就是学会了：开口，就把钱收回来。开口，赚钱，让我有了众多的粉丝。我认为，只有愿意为我埋单的人才是我的粉丝，其他关注者只是过客，大家同意吗?

所以，我不像很多大咖说自己有10万、100万粉丝，我只想问，有多少人为你付过费。他们很无语。但我却说，我有4个微信号，12 000个微友，9000人为我付费，一年我有800万收入来自这9000人。他们更无语。

开口，让我和万人迷的伙伴们一起，建立了万人迷微商特训营、微商夜大、作家团、玩图社、名人堂；开口，也让我在家庭中，翻身农奴把歌儿唱。大家要不要一起开口呢？我相信，在本群中有非常多的优秀导师，比如@璐少一鸣惊人、@一分哥古诚、@耕耘老师名人堂堂主、@万人迷小麦、@王老师500强培训专家，这些伙伴都是开口就能收钱的牛人。他们都能够体会到，开口就收钱的轻松和快乐。

2. 分享者的3种类型

能开口的分享者，我把他们分为3类：

第一类是自我感觉良好型的。这一类分享者心中只有我而无他。他到哪里分享，都会用“你”，你怎样，你们怎样，你该怎么样。说得听众一无是处，自己觉得自己很牛。我却说，这类分享者糟糕透顶。他分享完了，对方并不喜欢他，反而永远为他关上了大门。关键是他自己还不知道，自我感觉良好，甚至说，听众怎么都那么自大，为啥都那么弱，为啥都不跟自己互动……

第二类叫作告知型的。大家请他去分享，他非常努力地将自己的干货分享出去，听众还是毫无动静，大家知道为什么吗？因为这类分享者只做了单向输出，没有输入，什么叫输入？课前调研算不算？融入一个群体算不算？课中互动算不算？你知道吗？我在每一次线下分享，必须提前2小时以上到场，哪怕是第二天早上 9 点分享，我一定会提前一天到那个城市，不管多晚，我都会跟着布置会场的伙伴一起，我要提前站在讲台上，知道为什么吗？对，伙伴们说我是熟悉舞台，我想告诉大家，我是敬畏舞台的，我知道，我拿着麦克风，站在这个舞台，这个舞台将会为我创造收益，它是我物质生活的来源，我必须敬畏它，同意吗？

所以，不论多晚，我都会过去，在台上看着它，慢慢地走上去，走几圈，感恩它。我知道，明天，它会为我创造财富，我把这些习惯，带到了微信群分享中。但告知型的“老板”们却做不到这一点，他们认为，场子就是那个场子，我带来的就是干货，你定的就是这个主题，我讲完我的，讲完收钱走人，你还是你，我还是我。大家认为，以后还会有人请他来讲课吗？

我必须保证，我每一次的分享都能达到全场轰动的效果，用我自己的灵魂去分享，带动大家找到自己的灵魂。

第三类分享者就牛了，叫作赚钱型的。大家认为，我用这种方式去对待舞台，对待客户，对待听众，我还缺钱吗？我现在微信群里的分享 5000 元一个小时，还必须提前 30 天预约，因为我有职业操守，我时刻为我的客户着想，我能在每一次分享前，调研你需要什么，你需要达到什么效果，你需要我帮你说什么话才能让你的团队更忠诚于你。东遥老师都是分享提供给客户 100 倍的价值，然后收取 1% 的回报。

大家想一想，你只不过动动嘴，从你的嘴巴中说出邀约者的名字，感谢他提供平台，捧捧他，帮助他提升一下人格魅力，你没有多出一分钱成本，对方却感恩你一辈子，还会为你做转介绍，这生意划算吗？

你一定要通晓“人性”，在战场知晓敌人心理，方能百战不殆；在商场，知晓客户心理，便能狂销热卖！知人性者，得天下！是这个理儿不？所以，**成功者都是从放弃小我、成就大我开始的。**你来到这里，做一个分享者，我相信你已经经历过自我感觉良好型和告知型，每个分享者都经历过这一段路，所以，没啥。用灵魂来分享，为我的顾客着想，放弃自我，成就大我。

想想之前有时觉得自己挺丢脸的，其实也没啥，**没丢过脸就不会成功；只有把脸都丢干净了，没脸可丢了，才会有人不断地给我们脸，**我们才会有面子。所以，作为一个分享者，你还怕丢脸吗？

我在两年前出道，比起非常多的群里的导师，我算是小辈。当时我一无所有，我只是相信，开口说话能赚钱，我努力地分享自己对移动互联网的理解。终于，有一家培训公司约我去做沙龙，他们邀约了100位企业家，我当时非常开心。晚上7点的沙龙，（那时候，我没有车）我5点坐公交车过去，没有吃饭，只是为了不迟到，为了有点面子，我还请我的一个朋友当我的“助理”帮我提包。结果，去了之后，没有人问我有没有吃饭，没有人问我要不要喝水，一直等到开课前20分钟才有人过来见我。因为是分享，没有课酬，我觉得我应该“要”点什么，我和他们说，一会儿，报名的登记名单，给我复制一份吧。你猜对方怎么说？对方说，名单不能给，你也不能在课堂中打任何广告，更不能留下你的微信号和电话号码。这就是现实，残酷吧？

当时我的“助理”受不了了，他说：“东遥，咱们走，不讲了，看他们势利的样子，我们毁他场子。”你说，讲还是不讲？当然要讲！**人生的每一次痛苦的历练都将成为奠基我们成功最好的经历，**同意吗？两小时，我讲完，这些企业家都非常佩服我，我没有留下任何我的信息，但课后却被他们要啊要啊，硬生生地把我的微信号和电话要走了好多次，相互传阅，后面，他们帮我对接到了非常多的咨询案。一夜之间，我又火了！

所以，以后免费的场子，不给你面子的场子，不活跃的场子，如果让大家去讲，你愿意去吗？哪怕一个500人群，只有10个人是活的，你要不要去讲？但是现在，也很难有死群了，我们要感谢这个时代，感谢微信，除了群@功能，再死的群，做一下倒计时预告，大部分人都会活过来，是吗？

那么，大家知道，我们的使命是什么吗？我们的使命就是，帮助千千万万群主，去活跃他们的群，为他们带来价值，捧起群主，群主就会来捧你，同意不？而对于我们，只有一次一次地历练，才会让我们更坚强、更成功，所以你出去分享只有两个结果：

（1）分享得不好，被人骂了，但你没有任何损失，反而知道自己哪里不好可以继续优化，让自己更快成长。

（2）分享得不错，被人夸了，还有人给你钱。

这两个结果是不是你想要的？是的，反正都是赚了。所以，开口就是赚钱，同意不？

3. 公布导师赚钱计划

那么，现在我花 15 分钟为大家分享一下赚钱计划，在线的请打 1；

不反对在分享的过程中赚点零花钱的请刷朵鲜花；

OK，心动的时刻来了！

万人迷和中国最大的微友社群 @ 郑清元元帅老师创办的微友公社强强联合，我们在微友公社中筛选出了 30 个地方负责人加入了万人迷微商夜大。在微商夜大学习过的伙伴请打 1。微商夜大，是万人迷的公益分享项目，收费 99 元仅仅是筛选愿意学习的伙伴，我们的价值早就超越了 99 元的无数倍，因为我们把每堂课都当 9999 元的课来讲，同意不？刚刚为大家分享我的悲痛的讲师经历，只是想为大家传递一个信息：**我不能为客户创收，就一文不值。**同意吗？

因为之后他们的主管跟我讲了这样一句话：我们找个讲师比找一个业务员都简单。知道为什么吗？人人都希望能够找到为他们创收的人。所以，当时这句话深深地刺痛了我！让我学习销售演讲，我要让我的每一次分享，都能收钱、收人、收心！否则我一文不值！

所以，我们要开口就能收钱，一定是先为他人收钱，自己的钱包才会慢慢地鼓起来，你为他人收得多，他人就会往你钱包里装得更多，是这个理儿不？

目前，第一个赚钱计划，微商夜大将在微友公社 30 个社群开展，我们需要对万人迷有情怀的、对微商夜大有情怀的伙伴入群分享。但是，现在万人迷有钱了，我们已经不是那么贫穷，@郑清元元帅老师也非常大方，去微友公社分享的伙伴，清元老师会为大家准备一个大红包，大家为 @郑清元元帅老师点赞。

所以我告诉大家，你经过自己的努力、自己的争取来到万人迷导师团，正反都是赚钱的。那么需要大家帮助微友公社的地区群管，推荐他们生成的微商夜大的二维码，可以吗？

报答大家的就是：

（1）清元老师为大家准备的红包。

（2）微友公社地方群管会在群里推荐你的个人名片，让你的粉丝爆棚，这个回报够不够？

更赚钱的在后面，还要不要？

第二条赚钱的方法更恐怖，它可以一夜之间让你红透微信半边天，让你真正体会到什么叫千人捧、万人推！让你感觉到什么叫团队的力量，让你再也不用一个人单打独斗，让你一夜之间在你的朋友圈中搜索你的名字，你会发现铺天盖地的都是你，你只需要把那一秒钟截图下来，那张图片就价值百万，那么，我就要公开喽？

你期待用这种场面出场吗？

你期待全球的微友都发布你的出场照吗？

你期待他们发布你的出场照后还用一段非常牛的文案来塑造你，让你名扬全球吗？

这只能用平台实现，大家同意吗？

所以，万人迷是平台，微友公社是平台，微商夜大是平台。如果你认同万人迷，认同微友公社，认同微商夜大，你愿意付出一点点点点，我们为你付出一片片片片，这个交易划算吗？

下面，你就准备好出名收粉丝了！

微商夜大，要帮助更多的对微商感兴趣的伙伴，以及在微商之路迷茫的伙伴找到方向，而大家就是这个平台的先头部队。万人迷的崛起来自分享，我和老壹的分享让星移社崛起！万人迷每期伙伴的分享让万人迷崛起！而现在，夜大的崛起，微友公社的崛起，万人迷的再次崛起需要大家的分享！平台的崛起，让大家出名，让大家收利。

为什么说能够让大家赚到钱呢？因为夜大是通过两级分销的形式来做的，未来，我们一样会为大家设定一个低门槛高收入的方式，听你的分享需要交 9.9 元现金，其实不少了，因为东遥老师之前都是 0 元随听的，这个 9.9 元是千万人帮你造势而来的，大家认为导师团的伙伴需要抱团吗？是的，只有抱团才能壮大，未来你的 9.9 元出场费，如果大家都帮你一起发布，有可能你得抱两个手机才能分享，因为可能瞬间有 1000 人慕名而来，同意不？一个人 9.9 元，500 人 4950 元，是不是开口就有钱赚？而大家在分享完后，只需要花 2 分钟时间讲一讲万人迷对你的帮助，微商夜大中你学会了什么，就会有大量人付 99 元进入微商夜大。

因为 99 元进微商夜大实在是太便宜、太划算了，只要想改变的人都会对它没有任何免疫力，那么，尽管你推荐的二维码上的照片是我们群里其他伙伴的，但这个二维码是和你的利益绑定的，意思就是我们的伙伴的分享是在帮你赚钱，咱们这件事儿就是不断地利他利他再利他。我在夜大中，对分销的理解很简单：**分销是帮助我们聚人，而聚到人给予这些伙伴的价值才是分销的魂。**而在万人迷，我们有这种基因：每个人都愿意分享利他，所以我们的产品我是百分之百地放心的。我经常讲一句话：在万人迷，你吸引朋友进来，万人迷帮你赚钱，就这么简单。

总结一下，两种方式帮你名利双收：

（1）我们与微友公社强强联合，微友公社提供平台让我们去分享提升自我水平，随便帮助他人赚钱，你赚名和出场费。

（2）微商夜大给大家提供平台，让你名利爆发，让你成长为真正的万人迷八段导师，听到这里很兴奋地请刷一朵花。

4. 导师必须遵守的规则

移动互联网的明日之星，就会在这里出现，当然，有好事儿就一定有规则，同意不？我来讲讲规则：

规则很简单，就是两个词：融入，抱团。第一，这个平台是很多伙伴梦寐以求希望进来的，我们是第一批合伙人，享受第一批最高的利益，因为未来第二批、第三批进来的伙伴，他们只能看今天的聊天记录了，我没有时间再来做动员了，所以请大家珍惜这一次你的努力。第二，如果不能融入和抱团以及跟不上节奏的伙伴，那将自动掉队。你懂的。在万人迷成长只有一种方法，就是跟上组织的步伐，我们不做清除工作，我们只做层层的迭代工作。就像我们在1000 人中限时限量筛选出 157 人，又在 157 人中筛选出 57 人，我想，今天的聊天记录，让 800 人与 157 人群中的伙伴看到，他们会感觉自己痛失了一次机会，**时代的步伐，不容我们迟疑。移动互联网的红利，瞬间就会消失。**很多企业跟我讲，他们不做三年规划，只做三个月的规划，因为世界在变。有这种感觉吗？**这个世界，这个时代，就像魔方，随时随地都在变变变，唯一不变的就是变化。**

那么，现在，万人迷导师团的动员工作我就做完了，最快 3 天内我们会迎来第一批分享社群。大家现在可以因为自己身在万人迷导师团而欣喜，但是，你要紧跟导师团的步伐，把它置顶，不要屏蔽这个群的消息，因为随时随地，这个群都会发生变化，任何时间它都有可能迭代，就像 157 人群中有 100 人，他们完全不知道我们现在的狂欢一样！今天对每个人都是公平的，或者说对你来说是一件天大的好事儿。因为有可能你的影响力只是我的百分之一，但我却愿意无私地推广你的海报，推广你的文字塑造，帮你带动起你的影响力！所以，在我们每个人有所顾虑的时候，你只需要思考两件事情：

（1）换位思考，东遥老师愿意做，我是否愿意。

（2）直接退出，全无烦恼。

分享完毕，大家该干啥干啥，我为大家建平台去。

7.5 场景五：分享的细节和成交的话术

场地：第二次迭代出的万人迷导师团微信群

听众：提交分享主题并入选的万人迷特训营成员

主题：细节与成交话术

内容：

1. 分享的细节

我来为大家讲一讲大家上舞台后的一些细节好不好？这些细节非常重要，一句话，可以定你的生死。如果你在线，我建议大家一会儿把这几个重点复制、粘贴，加深印象。

（1）随时随地、时时刻刻保持一种谦卑的心态。是平台成就的我，不是我成就的平台。

（2）尽管所有人都叫我老师，但我只当自己是一位分享嘉宾。在分享过程中尽量不要自称为老师，我可以使用自己的昵称或者自己的名字。

（3）保持一种习惯，时刻与微友融为一体，经常使用我、我们、大家、朋友们，尽量避免你、你们之类的词汇。

（4）有一颗感恩的心，分享前后不要忘记感谢平台、群管和主持人，开口要问好，结尾送祝福。

（5）一定记得推荐微商夜大的二维码，这是大家的平台，也是我们的价值传递。

以上5个细节，谨记于心。

关于推荐微商夜大二维码，有两种方式，我再重复一次，这里大家可以不用复制了。

（1）如果在微友公社分享，你要主动和群主联系，向他要他的二维码，你推荐他的夜大二维码。

（2）如果你在99分享汇中分享，可以推荐自己的夜大二维码，因为对方已经扫描过其他人的二维码，锁定客户关系了。

2. 成交的话术

如何推荐夜大，我送大家一个框架：

（1）大家需要从头到尾将万人迷刻在自己的大脑中，一开始就进行植入。我是今天的分享嘉宾，也是万人迷微商特训营联合发起人，我的学号是W××。

（2）分享时间每人每次45分钟，干货内容43分钟，推荐夜大时间2分钟。

（3）推荐夜大不需要多强硬，只要自己找到一个你在万人迷中的情结或者你在夜大中学到的内容在你生活中或者工作中的一个小小的帮助就够了。就是讲一个你和万人迷的故事。

（4）夜大是万人迷微商特训营的学前班，是万人迷微商特训营创始人的公益分享。

（5）投资99元10堂课，只为筛选出真正需要学习、决定一起成长的伙伴。

（6）99元除了换取10堂高价值的课程，还可以获取500位愿意付费的高质量人脉圈，平均一位伙伴仅0.2元。比自己天天加死粉划算100倍。

（7）投资 99 元，可以帮助大家少走 3 年弯路，快速了解移动互联网营销，如果你的时间成本一天 100 元，相当于节省了 10 万元自行摸索的时间成本。

99 换 9999，换 500 个高端人脉圈，换 3 年摸索时间，换一次携手共进的机会，欢迎嫁入万人迷微商夜大。

7.6 场景六：育儿周总动员

场地：第二次迭代出的万人迷导师团微信群

听众：提交分享主题并入选的万人迷特训营成员

主题：育儿周总动员

内容：

我们计划将 12 月 1 日至 7 日定为健康 & 育儿周，在线请打 1。

各位老师好，我花几分钟的时间来说一下下周的分享事宜。昨天，老壹老师和麦姐的第一场分享非常火爆，有 300 多位伙伴付费参与，这些人都会成为他们的铁杆儿粉丝，也正是这样的一次分享，让麦姐一个 60 后，再次获得百名粉丝，所以万人迷一直跟大家讲，分享即营销。

任何一个平凡的人都可以通过分享成为平凡中的不平凡！

万人迷的平台就是打造大咖的平台，不仅仅是粉丝，相信，昨天至少有 100 位伙伴转发了朋友圈，这 100 人后面再有 1000 人看到，大家的影响力就是 10 万人！这就是互联网的伟大！

那么今天，我决定做一件铤而走险的事情，在我们导师团中，选择出第二批乐于分享的勇士，这本是好事，但为什么说是铤而走险？因为移动互联网极其浮躁，我们看到的分享大多数与赚钱相关，但通过昨天我的一期电台，我发现大家对生活、健康有着特殊的情结，说明每个人的内心是有情怀的，赚钱也是为了实现梦想，了却情怀。

所以，12 月 1 ～ 7 日，我把我们的分享主题定义为“健康 & 育儿周”，这是一次大胆的尝试，有可能这 15 位勇士全军覆没，“快哭了”。因为，浮躁的环境中，与利无关的主题，或者大家不感冒。但是，这 15 位勇士，你们敢接棒吗？

各位伙伴，这是一次大胆的尝试，也是很多伙伴内心的呐喊，我们为什么要赚钱？不就是为了健康，为了家庭，为了孩子。所以，分享汇 2 期，需要更多的朋友来真心地推荐、推广。让更多人知道赚钱是为什么。也让更多的人知道，万人迷除了为大家分享赚钱的知识，更在为大家分享为什么要赚钱。

所以，纵使未来，这个群中不满 100 人，这 15 位勇士，你们会不会心灰意冷？不论怎样，纵使分享群中只有 1 人，这就是这份知识的价值，我也会尽我所能为大家推荐、推广。

下面我来公布第二批万人迷导师入围名单：

- ❑ 徐东遥禅定
- ❑ w2348+ 阿妹
- ❑ w725+ 徐肖丽
- ❑ w1838
- ❑ w2355 ～妮娜
- ❑ w2360+ 牙科微营销专家
- ❑ w622 尚格
- ❑ W2347- 小飞鱼妈咪
- ❑ W2321 黄米莉
- ❑ W2125+ 海琳
- ❑ W2358- 萍姐姐
- ❑ w2343- 田崇
- ❑ 1234+ 洪明
- ❑ W1741coco

现在，第二批伙伴，我拉小群，开始准备大家的档期和海报。

7.7 演讲稿：《东遥首次揭秘：微商北冥神功》

这是我分享的一段两年内自我快速成长但又从未透露过的神奇功法——《微商北冥神功》！

现在，马上开始！

北冥神功，逍遥派逍遥子创办的顶级武功，修习者：逍遥子、虚竹、段誉。

1. 北冥神功是什么

前天晚上为大家分享了万人迷的第一堂课，希望大家能够找到自己的优势，从成功走向成功，由于很多小伙伴还在干自己不爱干的事情，仍然将所学的内容往自己现在的工作上套，还没有走出“放空”的思维境界，所以，今天为大家分享一段我曾经走过的路，希望能够帮助到大家。

北冥神功是金庸先生的小说《天龙八部》中逍遥派的顶级武功之一，与天山六阳掌、天山折梅手和小无相功齐名。它的创始人是逍遥子。逍遥派的武功，讲究轻灵飘逸、娴雅清隽，我觉得很适合我们微商创业，轻量级、轻资产、很自由。

2. 微商如何运用北冥神功

《北冥神功》专吸敌人功力，内力越强，吸力越大！它代表着什么？我们微商伙伴，需要不断的学习、进步，你走过一段艰难的路之后，吸收了，储存了，变成自己的了，你未来吸引的内容会更多、更快！

当然，北冥神功还有另外一解：敌之内力若胜于我，吸人内力凶险莫甚。说明，练不好功会走火入魔，也是警示我们，做人不要贪，学习也不要贪多，将每件事一件件地做完了，才会有阶段性的成绩，消化、再升华。

不过，你不要认为强者身上的很多东西你一定要学完，学会那一点你认为可以消化的部分，慢慢体会，为你所用，也算是运用好了北冥神功。

举例说明：有些小伙伴说找不到定位，认为自己不值钱，别人太值钱。在东遥老师看来，每个人、每个行业都值钱，只要你领悟了北冥神功的精髓。

比如，我们群里有很多小伙伴，会做笔记，会将语音转为文字，会将语音拼起来，我认为你们太强大了，很细致，很优秀，但有时你却并未觉得自己很厉害，总觉得这是体力活，或者是雕虫小计，但你想想，连东遥老师都认为你很牛，你能不牛吗？我都想窥视你是如何做的。

再举例：我的朋友圈中经常截图大家的学习成果、学习感悟，相当于我吸你的进步，成就我的价值，也是在利用北冥神功，你是不是可以来使用呢？

再举例：昨天有小伙伴说自己从事的是工程设计等类似于不适合做微商的职业，我看到的却不是这些，我会将设计的理念、工程方面的严谨嫁接到微商的个人养成中，微商需要设计自己的成长计划吗？需要严谨地来审视自己吗？我用北冥神功吸过来用！

再举例：我有个特殊的技能北冥神功，我给我们的辅导员 @ 黄子宸，万人迷辅导员现场做了一个表演。我把办公室里 5 本从未去通篇阅读的书，随意翻一页，随意指到一行文字，我能说出它与微商、销售、营销、团队、成长之间的关系。这意味着，世界上、宇宙中的任何信息，我都可以吸为我用，变成自己的。

吸的内力存储为北冥真气，吸收得越多，存下得越多，知识体系越完善，自身价值越强大。你会发现，你只需要稍稍地花点心思，动动脑筋，就会有无尽的知识源泉注入到你的体内，卖知识，比卖产品强 100 倍，而且产品会顺便就卖出去了。你融入了各行各业的知识，并不是让你博大而不精深，否则，你会走火入魔。

如何既博大又精深？很简单，将各行各业的知识中的精华，融入到你感兴趣的事情上，就像我，每天看书、悟道，并不是我想把所有知识全部吸收，我看到的所有知识，有感觉、有兴奋点的时候，我就马上峰回路转地问自己：它和微商有什么关系，它和万人迷有什么关系，如何嫁接？

于是，有了今天的《微商北冥神功》，于是有了前天晚上的《微商孙子兵法》，于是有了未来的《微商六阳掌》，于是有了我在两年前线下分享的主题《微营销野路子之九阳神功》《微营销野路子之九阴真经》，我的电台中也出现过《微商道德经》和《徐东遥论周易》。

这就是《微商北冥神功》，专吸敌人功力，内力越强，吸力越大——博大精深，且兼容所有武功！

3. 金庸先生是如何运用北冥神功的

北冥神功，出自《天龙八部》，由金庸先生所写，其实，金庸老师最厉害的武功，不是九阳神功、九阴真经，而是北冥神功！为啥？举例说明：北冥神功的名字，来源于《庄子》，《逍遥游》有云："穷发之北有冥海者，天池也。有鱼焉，其广数千里，未有知其修也。"说明金老先生吸收了庄老先生的思想！

大家都认为金老先生是一位作家，NO！ NO！ NO！他是最牛的内功整合专家！营销专家！

《飞狐外传》《雪山飞狐》《连城诀》《天龙八部》《射雕英雄传》《白马啸西风》《鹿鼎记》《笑傲江湖》《书剑恩仇录》《神雕侠侣》《侠客行》《倚天屠龙记》《碧血剑》《鸳鸯刀》，他的14部小说组成了一副脍炙人口的对联：飞雪连天射白鹿；笑书神侠倚碧鸳。

这副对联我上初中时就会背了，因为会背了，所以要看完。金庸真是营销高手！这副对联是他每部作品的第一个字连起来的！

金老先生的小说有丰富的文化内涵，几乎每部小说都有佛、儒、道等各家的精神，如易筋经、周易八卦、奇门遁甲等。所以让众人喜爱，因为内容有高度、玄妙！像《天龙八部》从头到尾都有佛家的天理循环思想。如此一来，将武侠小说瞬时提升了几个档次，抓住了文化人的眼球。

光有好的文笔、深刻的道理还是不够的。金老先生的小说情节丰富，充满着义、武、情。这些元素可是好东西，每个人都有当英雄的梦想，通过看小说主人公做英雄，一定程度上能够满足读者的心理需要。

这一切，不是天生的，是不断地成长、消化、吸收的。欢迎各位微商小伙伴多多修炼今天为大家分享的《微商北冥神功》，博众家之长，为我所用，而不是博众家之长，不知所用。

第8章 微商夜大毕业典礼激励演说稿

微商夜大是万人迷微商特训营的学前班，每个月会招收500名学员，对他们进行万人迷的课前辅导，5天10堂课了解微商，做一个受人尊重的微商，第六天为毕业典礼。以下是万人迷微商特训营老壹老师与我对毕业学员的寄语。

8.1 感谢这个伟大的时代

老壹老师：

大家晚上好！短短的5天相聚就要结束了。

内心无比感慨和感激。

我们感谢这个伟大的时代。

是这个时代赋予了我们这样的机会，我们足不出户，就可以跟来自祖国各地，包括马来西亚、新加坡、泰国、印尼等世界各国的小伙伴一起学习。

感谢这个伟大的时代，让我们有机会在一起不仅能够学习，还能够认识这么多的人，我们足不出户，就可以在家里领略到全世界最顶尖的微营销学习和思想。

这是一个最好的时代！

我们绝对不能辜负这个时代赋予我们的机遇！

今天我们微商夜大即将毕业，我们怀着无比感恩的心，感谢这个时代！

感谢我们所有的同学，感谢所有老师的付出！

也许大家有所不知，我们所有讲课的老师每个月有不低于 19 次的课程，每天晚上讲课，肩膀非常酸痛。做一个移动互联网的讲师，不仅需要智慧，还需要体力。

但是我们乐此不疲，我们在这里不仅仅是 5 天的聚会，我们通过微信这个社交工具长期连接在一起，刚刚有同学建议我用语音，但因为我们同学当中有几个听力不是很好，所以我还是建议用文字。非常感动的是我们群里面很多同学，他们白天上班都很忙，但晚上还要低头“爬楼”。

在这个时代，谁是最可爱的人？我认为这个时代最可爱的人就是在座的各位。在座的各位，是这个时代最值得尊敬的人。你们是社会互联网的中坚力量！你们自强自立，没有人给大家发工资，没有人给大家保障，没有人给大家提供任何的支持，我们靠自己，自力更生，我们不求人，我们时时刻刻都在让我们强大！我们不是官二代，不是富二代，我们靠我们自己，这是无与伦比的一种品格！

我们没有放弃我们的梦想！

我们为了我们的梦想！享受着一个人的孤独，所幸的是，我们这一群人团结在一起！

在互联网上这么一个角落，还有我们这样一群人手牵手，肩并肩！

让我们在实现梦想的路上，孤独的身影多了一些陪伴！

我们不仅仅是一群有梦想的人，而且我们是为梦想去努力的人！

我们不是空想家，我们是一个个个体，我们是联合在一起强大的个体！

在这里，你的创业并不孤单！

你实现梦想的路上并不孤单！

没有人能理解你的心酸，我们能理解你的心酸，因为我们都是实现梦想的创业者！我们是一起的。

如果你要说，互联网上真正的力量在哪里？就在这里，这里就是互联网力量中心！

这里就是互联网的中心，这就是互联网新思维、新玩法的中心！

这里就是互联网新思维的发源地和集散地！

有些同学可能在这堂课结束之后，就没有办法再来进行更多的互动了，但是这个群在，就是你的依靠！这个群在，群就是你的家，群就是你心灵的依靠！

有一天，你觉得心里非常受伤的时候，回来这个群里看看，这里的我们共度了 5 个难忘的夜晚！不仅如此，我们背后还有万人迷，我们都是你的支撑，都是你的靠山！此时此刻，应该悄悄地感觉到社群的力量！

此时此刻你才会感觉到社群的归属感！

感恩自己，感恩你自己当时的选择，进入了夜大。

让你经历了一次终生难忘的互联网聚会！

感恩分享给你二维码的人，他连接了你和微商夜大！

我们一个小小的分享，真的就能改变一个人！

就像你的朋友分享二维码改变了你一样！

销售就是爱！

因为你的分享，你简单的分享把大家引进了夜大！改变了他！

如果你爱一个人，就让他扫描你的二维码进入微商夜大！

在这个群里有我的好多亲戚，我爱他们，所以我得让他们进入这个群学习。

因为我觉得这个里面确实太棒太棒了！

如果你爱一个人，你就去成交他！

如果你爱你的客户，你就去成交他！

只有成交他才能感受到你产品的好处，他才能够得到帮助。

就像我们今天把我们的二维码分享出去，让我们周围的好朋友自动成交，从而帮助了他！

如果你还记得你当时扫描谁的二维码进来这里，你去他的朋友圈点个赞，感恩他，同时你也把这种力量能量传递下去！

因为我们不是在做销售，我们是在传递一种正能量，传递一种爱的力量！

祝贺大家夜大顺利毕业！在未来的日子里面，在这个群里面会不断有活动，这里就是你的家。这里就是你移动互联网的港湾。

我们始终在这里看着你远行。万人迷始终在这里作为你坚强的后盾。

我们这里每个人都是你的后盾，都是你的肩膀。

你若盛开，蝴蝶自来。参与即学习，分享即营销。你就是万人迷。让我们一起加油！

谢谢大家。

8.2 深挖把简单事情做极致

徐东遥：

大家晚上好，我是动动动动，不动摇的徐东遥，好激动！很激动，很感慨，因为@老壹老师把我的话说完了，压力山大……

看到很多奔泪的话语，如此时此刻，我在高铁上，今天一天，我体验了春夏秋冬。

我就不和大家说奔泪的话了，我刺激一下大家好吗?

尽管今天一天在高铁上，但是今天，我很富足。因为，我感觉，这趟车是为我定制的，高铁商务座内，只有我、列车员和美食。

这一切，是我两年前不敢想象的，很多人认为我成功了，我只认为，我成长了！

成功是一个阶段，成长是一辈子！

今天，一个人，一节车厢，更让我体会到，成功的人是孤独的，孤独让人更成功！

我一直在投资自己的大脑，让自己成长！

我喜欢花光所有的钱去体验生活！

我知道，花出去的钱，才是自己的。

我的钱，在别人的口袋，他们会还给我。

今天，移动互联网给予我们大好机会。

每位小伙伴不需要花多少钱就可以轻松创业！

真正的成功者，都是认准方向，把一件简单的事情做到极致！

而夜大 5 天，帮助大家打开了脑洞。

你可以轻松利用互联网打造自己的影响力！

最后送大家一句话：做一厘米的宽度，做一公里的深度！

不要好高骛远，认为对的就狠狠地执行！

机会多得数不过来，但太多人变成了捡了芝麻丢了西瓜，不断地轮回！

很多人把简单的事情复杂化，我们要把复杂的问题简单化！

微信是社群经济，圈子相对封闭。

我，不做全国第一，不做全省第一，不做全市第一，不做全村第一，只做圈子里的第一！

你就会反向逆变！由内而破！越来越强大！

我要做第一！因为每个人都崇尚第一！

我做我们行业里最会玩微信的，我做我们单位最会发红包的。

我都是大家心中的第一，我就发达了！

万人迷的课程，夜大的课程，即学之，则用之，如何用？分享出去！

把这些秘密无私地告诉别人，他会感觉我很牛！我就是牛！我就是他心中最会玩微信的人，我就会被他关注。他就有很多机会求我成交，因为我身上有他要的东西，我有价值！

我是万人迷！我是万人迷！我是万人迷！

默默地告诉自己，我是万人迷，我就很富足。

因为，我会自恋，才会自信！你若盛开，蝴蝶自来！

最后，我想说：我爱大家！时光不老，我们不散……

8.3 微商是社群经济的创始者

主持人：

欢迎大家把夜大的课程、万人迷的课程拿出去多讲、多练；

万人迷是一个培养微商导师的地方，欢迎大家加入万人迷。

没有微商就没有移动电商，我们是开天辟地的先行者！

没有微商哪来的社群经济，我们是社群经济的创始者！

中国微商，是世界的先行者！

下一届世界微商大会，世界各地代表将会来中国学习移动互联网创业，我们讲微商，用中国话！

10堂课
COURSE
第1课
2016微商微商之路
第2课
众说纷纭三级分销
第3课
打造攻心的朋友圈文案
第4课
微视觉
以图说话，用图抓心
第5课
老壹教你玩转微社群
第6课
微营销终极秘诀之
“吸”来你的顾客
第7课
如何让你收人，收心，
打造优质高效团队
第8课
开口就收钱
闭嘴就签单的演说神技
第9课
随时随地随便谁，
无法拒绝被成交的秘诀
第10课
成交技巧-批发成交
毕业典礼
GRADUATION CEREMONG
微信必修的七项技能
万人社群背后的秘密
我是 徐东遥
我为微商夜大代言
1次选择彻底玩赚微商
10堂课，听完分享就能赚钱
1个社群，立刻拥有500高端人脉
帮助他人
成就自己
立刻扫码，嫁入微商夜大
万人迷微商特训营官方团队公益分享

第9章

凌教头：微信群招商步骤全揭秘

我的好朋友，中国电子商会微商教育委员会秘书长，中国第一本微商书籍《微商创业者手册》作者凌教头，我听过一堂他帮助某微整品牌设计的招商课。听完之后我兴奋无比，这是我听过的含金量最高的招商课程，他详细讲解了微商招商的所有细节，干货众多，值得大家多读多用，以下是无删减演讲稿。

微商界创业学院郑清元院长经常讲：微商要做好，教育要先行。虽然创业学院和品牌方会给大家提供更多像今天这样一起学习成长的机会，但是，我相信我们在平时，各位伙伴也需要给你们身边的一些创业者更多的力量。所以，你们也要不断地开启属于你们自己的一个微商创业课程。很多伙伴可能刚开始起步，不知道如何去展开，没有关系，如果在接下来的日子当中，你能够认真地参与，能够来学习，跟着老师一起前行，你静心地把它给记录下来，然后再结合你自己的特点和特长进行修正，按照这个逻辑框架就可以变成你自己的课程。所以今天晚上我主要从 4 个方面来给大家展开。大家也可以从这 4 个维度，跟我一起来全新地认知微商。

9.1　微商的机遇

大家知道微商始于 2013 年，微商的成功属于必然中的偶然，是大家自发的一种形式。我在 2013 年刚刚开始做微商教育、带一些微商创业者的时候，有很多小伙伴，还不了解也不知道什么是微商。如果你说自己是微商，他会跟你说：微商是什么？受伤了就要去医院，小伤也要足够重视。但是，在这句玩笑话过两年之后，在今天已经变成现实。今天的第一部分我们来讲微商的机遇。

2015 年已经有 2000 万的微商从业者，一年有超过 2000 亿的微商市场，每天新增 3 万 ~ 6 万的创业者。微商用两年时间走过了传统 PC 电商 8 年走过的路，今天的微商已经成为一种新型的移动电商全新商业生态，成为越来越多企业的新渠道，也成为越来越多创业者的首选。那么在这样的一个红利期，我们依然有很多伙伴面临一些挑战，尤其是一些新加入的，那么这些挑战又是什么呢？

各位伙伴可以闭上眼睛，自己来想象一下，我们在 2015 年所碰到的困境是什么。是销售难？招商难？还是引流难？是一些大团队开始出现的凝聚力涣散、团队逃离，还是仅剩下一个战队名字这样的名存实亡？对于团队内部的疲软，产品很多，但是卖得动的可能很少，你身边吹牛吹得很大的很多，但实际销售收入很少，等等，也许这些都是你今天在创业路上正面临的问题。

我应该怎样去解决呢？很多伙伴也听过很多课，我们在之前很多的课程更多的可能是一些简简单单的招商课，或者鸡血类的课，或者做思想教育这样的课程，这些课程，更多的是告诉大家要怎么晒、怎么包装自己等，这些需不需要呢？当然在移动互联网时代做包装、去分享、晒朋友圈这些传播都很重要，但是这一切都只是辅助性的，我们真正要做的是，**使一切回归商业的本质，就是回归产品和回归用户**。

回归产品。首先你做的产品一定要合法，因为大家都知道不管你在哪儿创业，不管你做什么，我们作为承接人，做的事情首先要合法。大家应该都明白，如果你做的是不合法的产品，伤害到的不仅仅是你自己，还会伤害到你身边的人，伤害到你团队中的伙伴，伤害到你的用户。

回归用户。你做的产品要以用户体验为中心，要是好产品，真正能够帮助你的用户，能够解决一些问题，能够给他帮助，对他有价值。所以怎样让用户重购你的产品是在座的各位应该考虑的。

用户从哪里来？

除了我们讲的吸引力法则外，你还能通过朋友圈、通过你的表达方式，来建立跟好友间的信任，从而达成营销的目的。在营销的背后，我们更希望你是以用户为中心进行服务，把用户当成好友，给予真心的帮助。总结起来说就是，今天的微商应该抛弃过去的浮躁，应该回归卖好货，好好卖货。前段时间我写了篇文章送给我们微商圈非常知名的一个团队，其商业学院开业，我跟他讲，**要耐得住寂寞，守得住繁华。**

9.2 微商的 4 个定位

“耐得住寂寞，守得住繁华”，这句话说起来简单，就 10 个字，但是，要如何才能够做到呢？怎样在当今社会做到你自己的坚守呢？这就要来看我们今天所要说的第二个问题：如何给自己做定位？定位的重要性我相信大家都明白。因为做一件事情，只有找对方向，我们所付出的努力才会换来我们希望的结果。不要走过一圈以后，最后发现自己方向走反了。那么如何来给自己做定位呢？在我写的《微商创业者手册》一书中，介绍了 4 个纬度的定位。

第一个纬度，如何做自我定位；

第二个纬度，如何做模式定位；

第三个纬度，如何做产品定位；

第四个纬度，如何做市场营销定位。

9.2.1　自我定位

在座的各位小伙伴今天也许已经做过定位了，也有可能你之前没有考虑过定位这件事。说到产品定位，就不得不提到最新的“3+4”法则。

在座的各位，可能今天你已经在做各种产品，也许今天我说的一些话，跟你自己的自我定位不符合，那么这个时候我就要建议大家，静下来重新思考你自己。当你发现今天你所做的事业跟你自己想要走的路和自我定位一致的时候，那你就不要怀疑，不要彷徨，一直努力地往前走。

我们如何来做自我定位？实际上你会发现，很多小伙伴**并没有考虑到自己的兴趣爱好和资源特长，**而是人云亦云，跟随身边的一些朋友做事，或者在朋友圈里盲目地去看一些产品是不是火，被别人的勾引法则所吸引。于是有一些人就随意地选了一款产品，觉得遇见了，就遇见了。例如，我就看到一些人在卖 A 货、假货，或者盗款。我们来想象一下，如果你做这些产品，你听信了别人给你的一些所谓的教育，受所谓的暴利的吸引，但是你是用什么去赚取这个暴利呢？除了赚了一点差价之外，你什么都没有留下。

你是把你的人格信任、人格品牌放入到这个产品中，也就是说，**你只是**

把你多年积累的信誉从银行取出来换成钱罢了。如果真是这样也就算了，至少你把信誉换成钱了，但是可悲的是，有一些人可能连差价都没有赚到，还惹了一身骚。我们**说微商是移动电商的初级阶段，它是基于人与人之间的社交而产生的。**如果我们把这句话能理解透，那么你**今天所做的事业就等于在你的个人银行里存进了信任，存进了你的个人品牌，除了能赚取金钱财富之外，你还得到了精神财富。**怎么来理解呢？就是说如果你结合了自己的兴趣爱好和资源特长来做，你是真心地回归产品，回归用户，你能够帮助你身边的朋友、你微信里的好友，以及你初次在虚拟空间里相遇的朋友，你帮他们解决了比如抗衰老的问题，比如脸上有皱纹的问题，比如脸上长痘的问题，比如皮肤不健康的问题，给他们带来好处和价值，我相信你每做一次就是在你的个人银行里面存进了一笔宝贵的财富。所以我们说如果你创立了一家上市公司的话，你就是这家公司最大的大老板，未来市值多少完全取决于你。选择有时候比努力更重要。

那么说到这里我们许多伙伴就会说，我应该如何来选择呢？我们可以来想象一下，**假如有两条直线，一条是你的兴趣爱好，一条是你的资源特长。**在你这几十年生活当中，这两条直线是相交的还是平行的呢？大部分人可能都是平行的，因为小时候读书是父母叫你读的，报考志愿是老师让你报的，你所选的工作可能是因为稳定，我去做公务员；可能是因为跟随你的先生或太太到一个城市，为了生活；可能是为了让自己生活过得更好，选择一个更好一些的团队品牌或者公司。这时你就会发现你今天所做的并不是你喜欢的，也不是你擅长的，你会发现自己很累，每天都很辛苦。但是如果让这两条平行线能够稍微改变一下角度，找到一个交叉点呢？也就是说把你的兴趣爱好交叉起来。

每个女人都希望自己更年轻，变得更加美丽、更加漂亮，这是每个人的诉求。如果说你在这方面特别在意，那么这就是你的兴趣所在，而你的特长又是你掌握了各种护肤技巧，你对如何打扮自己有所长，那么这个时候你就会发现在这两点如果找到一个交点，**把你喜欢的又擅长的事不断分享给身边**

的人，你会变得很快乐，同时这种分享会得到大家的认同。

我参加了一个全国的农特微商线下特训，有一个实体店的老板娘分享说，她在做这个店铺的时候，有顾客来买水果，有些产品她就不卖给顾客，说这个产品还没熟，或者看到孕妇就说，你吃这种水果可能不合适，你吃另外一个更合适。这个时候她就把自己作为一个吃货的特长发挥得淋漓尽致，服务于她的用户，真心对待她的用户，这个时候她的用户倒过来也会真心对待她。

这样的两条直线的交点就是你人生的支点。这个时候在微商里你就能够得到最大的放大，从而使你成为社群的领袖，建立你个人的品牌。所以我们说最初级阶段，我们是借助微信这样一个社交工具来实现创业梦想的，我们借助自媒体，从而实现自明星、自品牌，最终走向实现自我价值之路。这点呢，在今天特别要跟大家强调，你如果选对了，你收获的不仅仅是金钱，更多的还是一份精神财富。

9.2.2　模式定位

有了自我定位以后我们就要选择模式。

有的人比较擅长做动销，就是我们说的他直接跟用户沟通的能力特别强，他选择的就是以**直接销售做直接客户这一社群微商模式。**

还有的小伙伴，他有过相关的销售经验，有过相关的管理经验，他特别擅长帮助他人成功，而自己不太习惯跟直接消费者沟通。比如我是男孩子，我对有些方面不是特别擅长。这个时候，我们可以选择做团队长，那么你做得更多的是团队，也就是说，相当于销售公司里的销售管理者这样的身份。

还有第三种做线下，有一些人更擅长去跟一些线下实体门店，比如美甲、美容院，跟它们去达成一种合作和沟通。因为我自己的特长，我以前是做加盟连锁店管理的，我就是做线下营销的，那么我把我原来的特长，即这种跟别人沟通的能力，与移动互联网结合在一起，这个时候我做的就是O2O（线下和线上结合）。

当然还有一些人，做的不是具体的产品而是某项服务，那么未来我会做跟女性美丽相关的一些产品，我做的是平台微商。我今天把一款产品做好，然后再依托像微谷创业这样的平台，在这个平台里面，我们可以利用平台的培训资源、渠道资源、推广资源，来形成属于自己的一个社区，建立属于自己的平台，来成就自己的事业。

总之，只要你今天能卖好这款产品，未来才有可能服务一类人群，你先半步就可以了，不要好高骛远。有梦想固然好，但是我们做事要踏踏实实，如果你每天都想做大事，想得很远，但你现在还是一个微商“小白”，你刚进来就想每个月赚 5 万、赚 10 万，那我觉得不切实际。你可以把自己目标先定得小一点，先做几个客户，先服务好这几个客户，赚取我们最小的，从1000 块，2000 块，5000 块，1 万块，再逐步逐步地提高，再走向自己的平台成就你自己的事业。所以每一个人都需要给自己做一个模式定位，就是选择什么模式和你当下处在什么阶段，结合自我定位来做一个选择。

9.2.3　产品定位

有了前面的两个选择以后，我们就要进入第三点。也就是说，既然有了自我定位和模式定位，决定投身到美丽事业，就像有的人说我决定投身到大健康领域，或者我决定投身到吃货，或者我是有情怀的农人，我要做新农人。你给自己选择一个方向以后，你就要选择产品。什么样的产品才是适合你的呢？

今天我来告诉大家，根据“凌教头微商产品分析法”得出的“3+4”微商选品法则。如果你知道这个法则，你就能够选择了。我们用了两条直线，一条表示我们的利润，一条表示我们的销量，画成一个正方形。再把它分成4 个板块的话，你结合这个理论，就可以看到，它里面有瘦狗产品，有明星单品，有金牛产品，还有山猫（问题）产品。那么微商要做得好，在今天来说，你一定要有明星单品。明星单品是能够有利润、有销量的单品。同时你还要有金牛产品。什么是金牛产品呢？金牛产品就是有利润、有未来的产品。当然，有的时候瘦狗产品你也是要做的，瘦狗产品就是大众化的引流产品。这个产品呢，它可能利润并不高，但是它的销量还可以，接受的人群非常大。

所以我们叫这样的 3 个产品为 3 个基础单品。当然如果你可以运用四法则，也就是一年四季，每一个季节都会有它的明星单品，这个我们可以叫它“爆品”。当然爆品也可以分成明星爆品、金牛爆品和引流爆品，可以根据不同的特点来选择。那么你是选择做“3+4”里面的全部 4 种产品，还是只做其中的一种产品，还是做其中的两种产品，这个要根据你的自我定位和模式定位的特点来决定，也就是我们说的**根据自己的能力大小来决定。**如果我刚进入微商，我就想去做明星单品，则不一定有这个能力。第一，明星单品意味着所有人都知道这个单品在市场上已经非常火，你刚加入，在没有资源的情况下你用什么去跟别人竞争呢？我们说利润高，销量大，意味着竞争也激烈。第二，明星单品按照市场规律法则，一定会走向竞争，竞争越激烈，分到个人的销量会越低。竞争越激烈，你的成本会越高，意味着你的利润会越低。

凌教头微商产品分析法

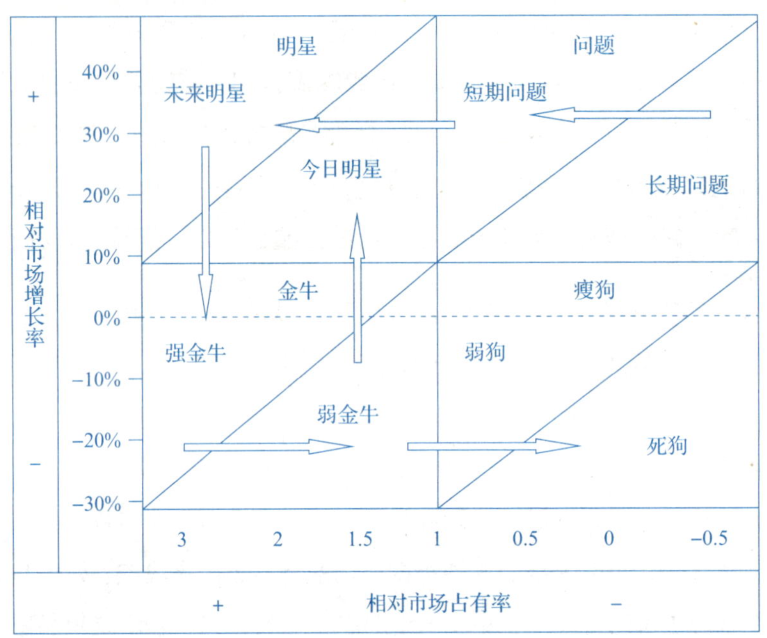

凌教头微商产品分析法（续）

随着时间的推移，明星单品最终会向瘦狗产品过渡。那么随着明星单品向瘦狗产品的过渡，你就一定要有一款产品再成长为你的明星单品。只有这样，才会避免我们开课时讲到的今天许多团队碰到的问题，就是卖着卖着你就没有产品可以卖了，这个时候你再去规划已经来不及了。当然一些新加入的伙伴说，我不适合做短线，我比较适合做长线，我希望我能够好好地做一款产品，这一个月给我的回报，我并不是特别看重，我希望用 3 个月、半年、一年加起来的成绩来衡量我今天所付出的努力，那么你就更适合去选择一款金牛产品。前面简单介绍过金牛产品，下面我展开说一下。金牛产品必须具备以下几个条件。第一，金牛产品要有非常好的市场未来，一定是符合市场大趋势、流行趋势的长线产品。第二，金牛产品一定要是证件齐全、正规厂家品牌的产品。第三，在商言商，我们既然是创业就要有收入，那么我们也希望金牛产品是有利润空间的一款产品。大家不要觉得利润大是问题，好像我欺骗了消费者，其实并不是这样的。我们打个比方，同样的服装，你在夜市卖和在商场卖所获取的利润是不一样的，那么为什么今天越来越多的人愿意去商场买东西呢？也许产品比较贵，但是我们不要把价格和价值混淆了。

只要产品好，只要我们提供的服务好、品牌好、综合价值高，你赚取适当的利润是合理的。打个比方，今天许多小伙伴选择了 W 品牌的微整产品，可能很多人当时只是莫名其妙就选择了，并没有去真心考虑过。但大家静下心来，会发现这里面有几个符合大家选择的要素。

第一，大家知道现在微整市场是美业发展的一个趋势，你身边的 80 后、90 后，开始更加重视自己的美丽。原来普通的护肤已不能满足消费者的需求，所以大家愿意去韩国找高端美容院花几千元、上万元钱打一针做微整，但是你会发现，虽然微整这种方式目前的国内市场在快速成长，但是注射及动手术毕竟有一定的风险，所以越来越多的朋友开始关注不打针、不吃药、不开刀这种涂抹式的自助整形。

护肤类的产品并不仅仅在国内流行起来，如果我们放眼世界会发现，近 3 年先从欧洲再到日、韩、东南亚，也在流行这种新型的美妆方式。今天 W 品牌作为一种新的护肤方式的开创者，把它定义为自助微整。微整分为微整塑形和微整护肤。那么 W 品牌就是一个微整护肤的产品。如果我们仅仅是微整的话，它不符合我们今天说的合法性要求。大家都没有资质做，必须由专业的医疗机构做。今天线下的很多美容店，或者说有一些微商做的工作是给别人做自助微整或者说注射，这都是不合法的，是有隐患的。可能今天你赚来的钱有侥幸成分，但从长期来说，你碰到某件事情足可以毁了你原来所积累的所有财富，甚至毁了你自己，毁了你的家庭。而作为自助微整护肤产品，它不仅合法而且针对所有人群。如果说 100 个人有 10 个人愿意去做自助微整的话，那么 100 个人至少有 80 个人愿意去做微整护肤，因为护肤是每个人每天都需要做的事。所以今天微整护肤已经成为一种流行的时尚趋势，也就是说它符合了整个市场的潮流。你站在趋势上也就像站在一辆汽车上，不用花太大的力气就可以跑得很快。

第二，我们说做微商并不是把产品押给你的小伙伴，而是卖给用户。只有动销的产品才能说是好产品，是金牛产品。我们的产品是要卖得动，能够有复购。W 品牌自助微整，因为我自己也用了，我让我太太、我妈妈都用了。她们用完以后都觉得非常好，都会用第二次、第三次……也就是说一个能够动销的产品，能让你这个月做一万，下个月就有可能做两万，再下个月也能够持续增长，你所付出的每一分努力、你所学习到的专业知识都能够有所积累。不像有一些明星爆款，今天一做完可能就没有明天。等你刚刚做好的时候，可能这个市场已经没有了。

第三，我们说创业需要有足够的利润来支持各位小伙伴去努力。因为我们今天特训营的很多小伙伴是宝妈。这些宝妈除了要创业实现自我价值之外，还有家庭的负担。我们想让自己的家庭、想让自己的孩子过得更好，想让孩子上更好的兴趣班，有更好的老师，给孩子买更好的衣服、更好的产品。这些都需要经济支撑。这款产品让每一级，不管你是哪一级的代理商都可以做到 30% 的利润。也就是做 100 万能够有 30 万的净利润。那么从这样的一个方向来说它是符合了第一趋势、第二动销、第三给大家带来回报、第四合法、第五强势的品牌，我觉得在这些基础上就给了各位伙伴信心，能够专心长期去做好。

回到我说的“3+4”法则，我前段时间跟 W 品牌创始人聊天的时候，他就说他有一个梦想，不仅仅是把这么好的产品从国外带到中国来，他要的不是这一款单品，未来会形成一个系列和一个梦想记。很快就会有 W 品牌自助微整的美白产品，还会有祛痘产品，包括你们现在接触到抗过敏非常好的舒缓液会从小瓶的试用装、赠送装变成一个真正的产品装来满足一些细分领域的需求。这样来形成一个引流产品、明星单品和金牛产品的布局，同时也会让大家去做关于季节的爆款。比如，我们根据不同的季节会给大家推出一些单品，现在都在规划。

创始人还跟我说他还有一个梦想，就是今天在特训营这 200 多位小伙伴，如果你们做好现在自助微整这个产品，将来在这种趋势下想拥有自己真正自助微整塑形的工作室，那么大家就需要相关的资质。如果凭你一己之力可能很难办到，但是品牌方已经在布局。根据微商发展趋势，品牌方正在规划，未来每一个地区都有线下的体验店，产品都有资质、有品牌。也就是说，当大家能够开启线下的实体体验中心时，品牌方就会帮助大家获取国家合法的资质。把每位小伙伴送到最好的机构进行最专业的学习，让每一位小伙伴都成为专业级的美丽天使、专业级的美丽顾问。

这是他们的梦想，我想也是在座的各位小伙伴的一个梦想。

9.2.4 市场营销定位

在选择产品的时候，你一定要观察这个品牌，从产品到规划，多纬度地来思考。当然，最后就是我们说的，市场营销的定位。市场营销的定位就是如何用用户思维来做市场。怎样用用户思维来做引流？我简单地给大家说一下。各位伙伴，你想当代理，你去找别人聊天，别人却不一定理你。那谁才是你真正的潜在用户呢？这是在微商创业中经常会碰到的困惑。如果你想做直接动销，那么直接动销的人，他们想要的是什么，是处理皱纹还是祛痘？找准他们的需求。如果你以用户需求为法则来找人的话，你在做市场营销时就会变得非常方便。例如，你在你的朋友圈发布这样一条信息：我想了解一下微整形的市场，有没有谁在做相关的产品，或者接触过相关的产品？你发布这样的消息，就会有正在做相关产品的人主动联系你，你可以跟他沟通了解，这样，你不仅能够自身学习，还可以物以类聚，人以群分，你会找到跟你一样的小伙伴，如果你有好的产品，你有好的模式，如果对方做的产品并不是他目前最想推广的，你完全可以让他跟你共同来做更好的事业，大家一起来奋斗。

在大健康中医里面有个针灸类产品，这套产品是通过穴位来做的。有些伙伴认为中医产品难上手。但是一旦上手，它的业绩就会持续增长，且会很稳定，因为你有一技之长。我的很多小伙伴，做了这个产品以后，都已经成为中医领域的半个行家了。他再去做就会给自己的银行增加信誉，给自己的生活增加技能，给身边的朋友带来帮助。所以，无论微商环境怎么变化，它这个品牌都会持续增长，他的小伙伴日子也会过得挺好。所以各位伙伴，如果你能够按照这样的思维去做市场营销，持续地去增加自己的知识，持续地给自己去充电，你一样能够在微整护肤领域里成为专家。当然，在做这一类产品的时候，你一定要看到的是，好的品牌具有几个要素，除了产品本身好之外，还会给大家提供正式的国家备案的批文，有保险公司的承保解决大家的后顾之忧，有专业级的培训，有专业的美容老师或者中医老师来给大家解决技能的问题。同时，产品本身会说话，产品形成口碑传播，人传人，人介绍人，这样就会形成一个良好的生态。

9.3 产品政策

什么样的商务政策才是最吸引大家的，让大家愿意将这个产品一直做下去，这点我就不介绍了。品牌方的专业顾问会给大家介绍。

9.4 招商“四部曲”

招商方法很多，这里我不一一赘述，《微商创业者手册》《我是微商》《我是微商 2》里面有非常多的实用方法，你只需要找出其中适合自己产品的，再套用成自己的内容分享出去，就能够吸引到很多的伙伴和你一起创业。

我们再来回顾一下，这样其实就是一堂比较完整的招商课。今天老师是从更大的方面来给你们讲，如果各位伙伴，你们想给自己的小伙伴，或者想加入你们的小伙伴来开这样的招商课，你们就可以做一些精简、有针对性的问题，然后你们可以讲得更直接一些。不用怕，因为你是做销售的，我自己并不是做销售的，我只是希望我的经验能够帮助到大家。

所以你跟我的这种表达方式可以不一样，你们可以更细，直接从品牌、从产品的角度，更直接地来跟大家沟通。最后的总结就是，卖好货，好好卖货。大家要记住这句话，要静得下心来，选择一个好的产品，不要看它今天是不是明星单品，今天的金牛产品就是未来的明星单品。好好卖货，就是一步一步去做，耐得住寂寞，才能守得住繁华。最后，我用 10 分钟来给大家讲一下大家最关心的招商问题。

用什么方法能够解决大家招商当中碰到的困难？怎样来跟大家沟通？怎样交流？应该怎样来指导我们团队的小伙伴，一步一步地去做，这个很重要，所以我最后就这一点来跟大家做一些细致的沟通，希望能给大家一些帮助。我们把招商分成 4 块，统称为“四部曲”。

9.4.1 动销

第一部是动销。任何一个产品，都离不开动销，所以你一定要帮助你团队的小伙伴动销。首先你自己要学会动销，找两三个核心成员，每天都花一半的时间去研究怎样做动销，通过研究做动销把碰到的问题写下来、记录下来，**所有的问题就是你成交的钥匙，因为只有解决了问题才能解决销售。**而这些问题虽然厂家会给你整理成销售手册和服务手册，但是需要你自己去体验，就像游泳一样，虽然教练跟你说了很多方法，但最终要你自己下水去游了才能明白。我给大家的建议就是你要亲身去尝试，把你遇到的问题，以及在销售手册、服务手册中提到的问题都尝试一次，这样总结出经验，它会给你带来两种回报：第一，是直接做动销有较好的利润空间；第二，摸索出动销的经验，然后输送给你团队里的其他小伙伴实现复制，只有可以复制，形成自动化销售系统，你才能够保证你的团队持续健康发展。我们的产品是一个体验型的产品，它是用效果说话的，只要你坚持做动销你就不要怕没有代理商，因为消费即代理，你的用户用得好了，就有可能成为你的代理，这样通过动销做来的代理，忠诚度特别高，对产品特别认同，对你也特别认同，因为你把好东西带给他了，所以他就能变成一个紧密围绕你的“特种兵”，并且特别有战斗力，因为他的经济能力和他的圈子都比较好，比一些“小白”“草根”创业要好，所以你会发现，通过动销来的用户转成的代理，他的成长速度和他的销售能力比一些“小白”“草根”的初级创业者成长会快很多，因为他本身就懂产品、懂需求，有的甚至懂市场、懂营销。

9.4.2 复制

第二部就是把第一部的动销复制到你的其他队伍当中，逐渐帮你转化出更多的大区省代，大区省代要为下面的市代和天使研究方法，把方法复制给他们，帮助大家成功，你才能成功。大家知道，在一个销售队伍当中，只有团队的成功才是真正的成功，而不是你一个人的成功，这是销售四部曲里的第二部。

9.4.3 精准转化

第三部就是精准转化，各个突破。坚持每天找三五个现有的微商去推荐产品，这样的话你就可以一个月聊 100 个客户，如果成交转化率是 1%，我就能招到一个代理；如果成交转化率提高到 5%，就有 5 个代理；如果成交转换率是 10%，那就有 10 个代理。而按照现在我们产品的转化率，做到 30% 并不困难，我们已经在现有的团队当中做过测试，你每天找三五个人聊天，可以单独一对一地聊，也可以把这三五个人拉成一个小群来聊，花时间精准聊，最好不要超过 10 个人，因为高端产品，你拉 100 多个人聊，你又说不透，你一句我一句，你的转化效果会很差。当然精准地一对一聊会有步骤，我给大家整理出来了。总共有 8 大步骤，我来为大家一一说明。

精准转化的 8 大步骤：

1. 吸引力法则

你先跟别人聊天，既然是微商，微商最关心什么？我们说按照吸引力法则，你跟别人聊天的时候，你先聊："你好朋友，你好小伙伴，最近做微商怎么样啊？听说最近有一个'3+4'法则很流行，你知道吗？"这是第一步，你只要说这句话。我做过测试，100 个人里面会有 80 个人回复，并且会问你什么是"3+4"法则？

2. 介绍"3+4"法则

接下来你就给他们介绍什么是"3+4"法则，介绍什么是瘦狗产品、明星产品和金牛产品，然后，你再发微整的市场前景，有图片、视频、百科等资料，你先准备好，通过收藏的方式逐一发出去，这个叫数据包。每个人必须有这个数据包，它是动销自动成交的工具。用数据包会大大节约你的时间，而且会提高你的效率。这样，通过你介绍"3+4"法则，再通过视频、图片来介绍我们的产品，从而告诉对方我们的产品是一个金牛单品，是未来的明星单品。

3. 介绍产品前景

介绍产品的前景，第一个是前途的前，第二个是金钱的钱。如介绍利润有 30%，做 100 万就有 30 万，有很多小伙伴去做市场上现在看起来很流行的单品，或者说去做一个倒货的，100 块钱的产品赚两块钱就不错了，只有 2% 的利润，哪怕这个月倒了 100 万，也只能赚 2 万块钱。那还不如静下心来认认真真做一个金牛单品，一个月做 10 万，我还有 3 万的利润。我做 10 万的销售额比做 100 万销售额赚的利润还要高，我还更省心。关键是还可以去积累，每个月都会增长。

同时你可以拆解一下，做我们的产品如果完成 100 万需要多少量。其实做到 100 万月入 30 万并没有你们想象得那么难。100 万就是 270 箱，也就是说如果我们按照一个团队 300 人来算的话，也就是人均一个月卖一箱不到。再拆解到盒的话，现在一箱是 20 盒，那么也就是说一个人一个月只要卖到 15 ~ 18 盒就可以了。意味着你两天卖一盒就能够实现 100 万的流水，实现 30 万的净收入。关键还是回到那句话，你这个团队长，能不能踏踏实实带出 300 人，能不能踏踏实实教会 300 人都会做销售。

4. 重复介绍

这一步就是讲完上一步以后要重复，最近不是很流行一句话：重要的事情说三遍。所以，我们就要继续发产品的数据包，重点是产品的效果体验视频，然后，尝试结案。发数据包时千万不要一口气把十几个数据包都发完了，就像打仗一样看到敌人上来先点射，不要一口气"当当当当"把子弹全部打完了，先发趋势，再发产品介绍的视频，最后发使用结果的视频和使用过程的视频，或者你团队的视频，来加强对方对你的印象和对你的认可。

5. 发对比图

一定要发使用效果对比图，一定要按照现在刷圈的内容，把对比图存下来，按照我们说的用病历卡的方式来做。品牌方现在给大家准备了这样的案例，你们自己也要准备案例。一定要记住：**讲道理不如讲故事，讲故事不如讲案例，讲案例不如讲亲身经历。**那么案例怎么写呢？你可以像医生一样为每一个体验过产品的客户、成交的用户，做一个病历卡，你可以把它叫作"美容日记"或者"美颜日记"。美颜日记怎么做呢？你在你的朋友圈这样写：某某，女，28 岁，职业白领、教师，每天面对粉笔灰污染，所以皮肤有待改善。2015 年 10 月 19 日用的第一盒产品，使用之前什么效果，用完之后什么效果，照片附上。持续使用一周以后效果附上，再用第二盒效果附上，持续给一个人做美颜日记。把美颜日记存 3 个以上，然后到了第五步的时候，你就把这个日记发给别人。不是你们简单地发两张效果图，否则没有真实感，而且别人也没有持续感。当然有些人说有过敏的，有敏感肌肤的，有激素脸的，有长痘痘的，有皮肤角质层偏薄、毛孔粗大的。有问题都没关系，像病历一样真真实实写出来，我们要的是真实不是骗人。我们要的就是把最真实的反馈给所有消费者，让对方看效果说话，不压货，做动销，以做客户为先。发完第五条以后，你稍微歇一歇。

有些人只顾自己说自己发，也不管别人的感受，发资料不是发完两次就完了，而是发完后要让别人看，所以你发完以后要留 10 ~ 15 分钟让对方仔细看，然后你再问他说你看完了吗。如果没看完你提醒他看完，看完再跟他聊。

6. 资质证书

现在你就要发国家的备案证书，因为效果好很多人不相信，很多人怕有问题，这个时候你就把备案证书截图保存下来发给对方。再把保险公司承保的截图发给对方，解决他的后顾之忧，就可以做结案成交了。

7. 客户见证

如果还不能成交，就发客户和代理的好评来做见证。大家现在做的截屏，客户与代理的好评一定要跟你的美颜日记的案例和截图一致，既然你有美颜日记，一定有他的截图，发同一个人的截图和美颜日记对起来，这样发叫作用事实说话。

8. 代理案例

发完以后就可以发代理案例了，也就是大家说的收单，如果按照每个流程坚持，收单截图一定会打动对方，而不是很多小伙伴跟我说的，说对方考虑做代理，他天天打电话催别人，我觉得你这种做法有韧劲儿但是我不赞成。各位要记住，微商吸引力法则，你们有很多潜在客户没有成交，过了几天他原来的积极性已经下降了，这时你再打电话催他会很烦，而且人家觉得你是不是卖不掉，或者是你招不到代理，老是催我。这个时候你继续发案例，继续发美颜日记，因为你每天都在做美颜日记，你每天坚持给他发一个新的案例，不要多，只发一个新的美颜案例。你每天坚持发一个成交案例，发给他说，今天我给谁做了体验，今天我跟谁聊得多么愉快，你把真实的过程和故事讲给他听，我相信你发到第五天以后，成交率将大大提升。说到这里有的小伙伴说，我现在处于初级阶段，我不能做到每天成交，那没有关系，我们可以团队协作，大家一个团队 10 个人，或者 20 个人，你这 10 个、20 个人每天总有一个相同的案例，每天做一个案例，团队一起把它整理出来，然后分发给这 20 个人，最后你把它存起来再发给别人，这不就每天、每个月都有新案例了吗？所以做事业不要贪多，关键在于执行力，大家用笔记下一句话“简单的事情重复做，重要的事情做三遍”。如果你在团队中，能够持续地坚持按照老师教给你的这个办法去做，那么你一定可以取得好成绩。如果按照这个流程每天坚持，一个月就有 90 ~ 150 次沟通，可以成交 20% ~ 30% 的话，也有 10 ~ 30 个代理，那么这里面可能有 5 ~ 10 个高级别的，还有一些低级别的，或者说是直接客户。你只要坚持去做一定会有所收获，所以老师告诉你不要邯郸学步，到处去听课，听乱七八糟的课。每一个产品它所用的方法是不一样的。自己的产品有自己的特点和属性。像今天的产品它是用效果说话的，它是要持续说话的，它既然叫微整，它就跟医院里看病一样。如果你想做好群里面的这 200 多个伙伴，你什么都不要做，你只要照老师说的坚持每天做美颜日记，你如果没有客户，你就从你自己开始做，不就 4 盒产品吗？你先使用 4 盒产品中的第一盒，然后记录每天用的情况到最后一盒用完，花一个月时间。我就花一个月时间把 30 天的美颜日记做出来。这就是你未来的成交利器。再按照老师说的这 8 步法，我相信你未来一定能够做到 100 万一个月。

9.4.4 再转化

做完前 3 部，我们来到第四部。有一些大的客户，我们直接去拜访他，做面对面转化。如果你按照老师说的去做，他有一些意向还是不能转化，可能他的要求比你高，你是省代他想做大区，怎么办？没关系，你做不了还有团队。第一，你可以把你一个月或者半个月留下的意向用户组织起来，去给他讲招商课。如果没人讲，你就跟品牌方的客服预约，有老师来帮你讲招商课，帮你成交。第二，你可以用朋友圈去@这些人，把有意向的人全部进行备注，备注完以后，重要的事情发朋友圈都@他们。第三，我们去当面拜访他，做线下面谈。拿着产品去给他做体验。如果远的话，你就一个月召集一次线下的招商会。如果你一个人做不了招商会，成本高，你可以跟其他团队联合做。如果不行你还可以跟总部报备，由总部每个月来给所有的小伙伴统一做线下的招商课，你只要把能人邀约过来，由大咖和专业的美容老师来给你们做现场转化，转化完再还给你们。谁邀约的，还给谁。我们做好登记备案就可以了。

主持人：

好了，各位亲爱的小伙伴，我们再给大家重复一下今天的课程，今天教头给大家讲的就是品牌方第一堂特训营的开营之课，叫“微商的机遇与挑战”。微商今天有很多红利机遇，也面临很多挑战，面临挑战，大家不要怕，我们只要给自己做好定位，包括自我定位、模式定位、产品定位和市场营销定位，在定位的基础上，做好市场，用好政策讲解方法，学习招商“四部曲”，那么你一定能够取得好成绩。最后送给大家一句话：卖好货，好好卖货，耐得住寂寞，守得住繁华。谢谢大家！好的，谢谢凌教头，再次感谢！

第10章

成交实战：微群成交全步骤详解

微信群一直是微商团队招商与零售的重要战场，更是批发式销售最佳的环境。本章是东遥老师实战微信群成交的实况文字转写及详细剖析，一次1.5小时的微群演说配合分销系统，在短短7天内裂变，自动成交了2200多张订单，直接销售额达44万元。如何做到的？很简单，通过微演说。文字稿如下：

10.1 主持铺垫——塑造分享者

璐少（主持人）：

各位优秀的小伙伴，大家晚上好，我是璐少。今天非常开心能够来到这里。同样地，我想在座的各位小伙伴也是期待了非常非常久，终于等到了这一刻，为什么？因为接下来将会有一位非常不得了的大咖来给我们做一个分享，他是谁？

他就是我们万人迷微商特训营的创始人，微商界创业学院执行院长，中国电子商会微商专业委员会教育与考试中心主任——徐东遥，他曾经帮助了2000多个微商团队业绩倍增，团队裂变，并且帮助了10余家企业成功地转型微商。接下来就让我们用最热烈的掌声和鲜花，有请我们万人迷迷万人的东遥老师闪亮登场！

东遥老师：

各位在场的小伙伴，大家晚上好，我是徐东遥。非常开心在今天晚上，与大家有一次深入的沟通。相信大家看过昨天和今天的海报，应该知道今天晚上是东遥老师来分享微信群招商与成交的一些细节，你一定要记住，在任何时候、任何企业、任何品牌、任何人，只有成交才能产生效益，成交才能生存。而成交最轻松简单快乐的方法，就是一对多的微信群中间的招商，或者一对多的线下产品说明会的招商，因为一对多是批发式的销售，可以让我们用最短的时间成交最多的客户。

今天晚上的分享是一场万人迷微商特训营的实战课。东遥老师从12月10日开始分享万人迷的课程到今天，我们讲过一些个人微商的发展之路以及个人品牌的塑造方法，包括令人震撼的60秒成交术以及社群营销步骤。这一切的一切，只有在我们的微信群中间实战了，你才能知道它的魅力有多大，所以今天晚上的分享将会价值百万。而今天晚上的分享是针对万人迷内部的同学，你们主动申请与审核过后才能进入本群，既然进来了，那么最好的吸收效果就是全程地去融入一次与体验一次。因为今天晚上是实战，所以我建议大家，能够全程地体验一次。

我经常给伙伴讲：外行看热闹，内行看门道。如果你不能够接受这种销售、成交、招商，我建议你退出，如果你想获得最极致的效果就全程体验一次。同意的话来写上两个字：同意。

好，那么现在，我们就开始一个别开生面的实战项目。最后我为大家来进行过程的拆解，那么今天晚上为大家路演的人，是万人迷 12 期的同学刘丹，学号 W1259。半年时间我们进行了相互了解，她是一个有故事的女性创业者，她的故事非常非常的励志，让我为之感动。她是做女性的内衣的，她的内衣在“双十一”一天，能够卖出 3 万单，并且她的内衣品牌是 GMALL 这个高端 APP 中间销售量最高的品牌，为什么今天要让她来这里做项目路演呢？我觉得内衣对于一个女人来说品质与安全性都非常重要，我希望她能够做一项对所有女性都有益的事业。那么今天，就让我们先有请我们的万人迷第 12 期学姐——刘丹闪亮登场。

10.2 品牌故事——用情怀创业

刘丹：

各位亲爱的伙伴，大家晚上好，非常感谢大家在百忙之中抽出时间来参加今天晚上的相互探讨与学习。首先自我介绍一下，我叫刘丹，业内的人士都称呼我为丹爷，××× 品牌掌门人，也是一位普通的单亲妈妈。2006 年我获得全球认可的形体设计师证，在日本专业机构学习了两年的内衣设计，在机构为很多的明星、名人定制内衣。回国后一直在做高端内衣的私人定制，直到 2010 年 8 月的某一天，我身边的一位儿时玩伴告诉我，她得了乳腺癌，她的丈夫绝情地将她扫地出门。那一刻，我真的是震惊到了，无限的自责，无限的懊恼，顿时涌上了心头。我做内衣定制近 10 年，帮助了过万的达官贵人、明星贵族，却忽略了我身边最亲最亲的人，甚至包括我的母亲。当时一个 5 个月大的小生命正在我的身体里陪我经历着这一切。于是我想，我能给我的孩子带来什么呢？我们的母辈、母辈的母辈，其实都没有教过我们该如何去爱自己，甚至如何选择一件贴身的衣物。正确地说，我们内衣 3 个月需要更换一次，内裤最长寿命不到两个月，就如牙刷一样，一旦细菌附着，就会对身体造成危害。所有的女人都应该被保护，如果我能用我的专业帮助到更多的妈妈和女儿，那这就是我送给我孩子的最好礼物。

我以我女儿的名字命名内衣品牌，就是要告诉女儿我会与她一起为她的健康而战。3 年里，我不停奔走于各个工厂和研发机构，失败了太多太多次，甚至倾尽所有，曾一度花完所有的积蓄并负债几百万，也从原来拥有一个幸福家庭变成单亲妈妈，独自带着女儿。还好，感谢老天的眷顾，我们在 2012 年年底，终于成功拿到了梦寐以求的技术专利，到目前为止，已经有各项专利 27 项，并建立了自己的研发基地，拥有自己过万平方米的股份制工厂，年产量超过了 300 万套，所有的产品均可以达到欧盟标准和世界环保要求。我一个单亲妈妈可以，您一定也可以。

所以我发愿，让每个孩子的妈妈都能够拥有一份事业做基础，让孩子可以开心地见证，我们和他一起成长，能够从帮助天下伟大的母亲开始，让她们能够得到最好的关爱，用我们自己的双手，我们谁也不靠，靠自己，让宝宝过得更好，让宝宝以你为榜样，让妈妈过得更好，让孩子让妈妈都成为我们的骄傲。我一个人的力量有限，我三顾茅庐请东遥老师来帮助我，助我一臂之力，我现在也想请大家和我一起来见证，我们现在的用户，包括美国某市市长夫人、某著名节目的主持人、著名的作家、名模、国内知名的演员、环球小姐……还有很多很多，也不乏我们熟悉的微商大咖。现在请允许我请出我们的 A 女士，我想让大家共同听听她的感受、她的心声，好吗？

10.3 客户见证——用事实说话

A 女士：

各位亲爱的小伙伴大家晚上好，我是 A 女士，大家渴望从 A 罩杯直接跳到 D 罩杯吗？大家渴望随时就像拥有一双大手一样呵护自己的乳房吗？大家又渴望随时走在路上都能够拥有羡慕的目光吗？这些就是我对于 ××× 内衣的感受，它穿在身上随时都让我非常有安全感。我相信群里所有的女生都一定看过各种各样品牌的内衣，也像我，穿过各种大品牌的内衣，但是总体而言，不管面料、设计还是整体的舒适感都是无法跟 ××× 相比较的。第一次把它穿在身上我就知道以后 ××× 内衣一定会陪伴我终生，这个就是我对于 ××× 的总体感觉。我希望这样一款好产品，这样一款好内衣，就像我们的丹爷传播爱一样，要能够无时无刻地传播给身边的每一个女性，现在我也会把这一款内衣，传递给我自己身边所有我爱的小伙伴，以及我的妈妈或者妹妹，我身边所有所有的小姐妹都在穿这款内衣，希望大家都能够真正地体验它。

刘丹：

非常谢谢您，对 ××× 的认可，那我们请出 B 女士。

B 女士：

Hello，各位小伙伴大家晚上好，非常开心，今天来到这里和大家进行分享。各位可爱的女士，你们渴望你们的老公天天黏着你吗？你渴望让身边所有的朋友都对你羡慕嫉妒恨吗？你渴望拥有让感到自信的身材吗？我使用了 ××× 让我从 70A 变成 75D，××× 文胸终于也让我拥有了那种让人羡慕的身材。我经常穿着旗袍去走旗袍秀，但是之前没有穿 ×××，总是感觉穿起旗袍差了一点儿什么，原来就是我们的文胸没有让我体现出女人的那种味道。我现在传一张我的旗袍的美秀图给大家看一看，我穿 ××× 的一个前后对比。现在我每次走旗袍秀，听到最多的一句话就是："我好羡慕你的身材，你的身材真的超级棒，好有那种中国传统女人的味道。"最后非常感谢丹爷，她为我们女人提供了一款这么好的产品，让我拥有了女性的尊严与自信。好了，谢谢大家，我今天的分享就到这里。

刘丹：

谢谢 B 女士。她一直以来对我们都非常关心和照顾，她的姐妹们也一直都在使用 ×××，非常感谢 B 女士的推荐。那接下来我还想请一位我认为非常了不起的女人。我一直特别喜欢她，也很欣赏她，我觉得一个优秀男人背后一定会有一个才华了得、又能默默付出且无怨无悔的女人。我现在想请出的是我们的 C 女士。

C 女士：

Hello，各位小伙伴，大家晚上好，我是 C 女士，非常荣幸能够在这里跟大家做一个简短的分享。请问大家是不是都想拥有魔鬼般的身材呢？我想答案是肯定的。我也曾深受身材的困扰。生育之后身材走样，胸部松松垮垮，整个人没有任何自信可言，一个人没有自信是不可能有所成就的。自从穿了 ××× 内衣之后，我找回了我的自信。整个人都挺拔了，再也不想去换别的内衣了，因为我之前穿的是在商场买的内衣没有任何效果。我自从穿了 ××× 内衣之后，我再没有去商场买内衣了，因为我觉得商场里的内衣都比不上它。因为商场里的内衣多数是有钢圈的，我对内衣的要求是很高的。所以我自从穿了 ××× 内衣之后，就再也没有换过别的内衣了。我现在走出去，我的朋友都特别羡慕我的身材，我的家庭也更好了，我的人生从此更上一个台阶。非常感谢 ××× 提供这么好的产品给大家。我的分享到此结束，谢谢大家。

刘丹：

这个的确是，我见证了这一切，C 女士刚刚生完宝宝可能经常在家里面，我第一次见她的时候，感觉她好像已步入中年。但是时隔半年之后，有一次我们共同去学习，她的爱人带着她走进来的那一瞬间，我的眼前一下子亮了。我的天，进来了一个美女，头发剪短，整个气场完全不一样，这一幕我记得特别清楚。希望你们越来越幸福。

接下来我想邀请的是一位家庭主妇，是一位会修电饭锅、会扛煤气罐、会围着孩子和老公转的家庭主妇，但是她在短短的 3 个月时间里，让团队达到了 300 人。我非常敬佩她，小小个子，大能量。现在我想隆重地请出 D 女士。

D 女士：

Hello，各位亲爱的伙伴，大家晚上好，我是 D 女士，非常高兴今天晚上有这么一个机会在这里跟大家分享一下我穿 ××× 的感受。我相信很多女性跟我一样的，就是非常没自信心，哪一方面没自信心呢？就是胸部。我可能会讲得比较实在一点，因为我本身就没什么胸部，可以说是“飞机场”，肯定有人会跟我有一样。原先我去买内衣的时候也都是去买比较贵的那种，都是穿调整胸形的，但是每次都是非常非常失望的，因为我可以用 A 来形容了。但是当我收到 ××× 内衣的那一刻，我感受到它的面料非常柔软，非常舒适。当我穿上它的那一刻，我觉得我自信了。为什么呢？我等会儿用图片来给大家介绍。作为一个女性，都希望穿内衣穿出美感对不对？但是我穿其他内衣的时候，怎么也穿不出美感。而我穿了 ××× 内衣之后，它确实让我穿出了自信，所以我非常感谢 ××× 品牌，非常感谢丹姐能够设计出这样一款内衣，让我穿出我想要的感觉。这是我和激情姐说到 ××× 内衣的时候，我们一起拍的一张合照，这内衣我们都非常喜欢，而且它的面料我们也非常喜欢，这就是我穿出的效果。我跟大家的分享就到此为止。

刘丹：

我每次见到 D 女士的时候，都能感觉到她身上的 power（能量），小小的个子、大大的能量。特别是上个月，A 女士因为身体不适住院做了手术，我看到她和另外一个小姐妹一直坚守在她身边，真的，我到医院那一刻她们已经有几个晚上都没有休息了。看到那一幕的时候我真的非常感动。再次谢谢她，也感谢我生命中有这样一群好朋友。

接下来我还要请出一位好姐妹，她也让我特别佩服，她是一个非常漂亮的 18 岁小姑娘，她说她永远十八。她生在富贵人家，却一直坚持用自己的双手，谁也不靠，自己为自己创造一片天空。到目前为止，她团队过万人，却一直没有想要自己歇下来的意思，这是我的好姐妹——E 女士。

E 女士：

Hello，各位大家好，我是 E 女士，非常高兴丹姐能够让我在这里跟大家分享。因为我的胸很小，所以我对内衣要求非常高，我以前穿的内衣都是到商场里面买的不会低于 800 块钱的内衣，每一次我都期待穿内衣能够保持我的身形，但是每一次穿上后都会大失所望。当我有幸拿到 ××× 时，第一眼我就被它的外包装所吸引，我说：天哪，这不就是像一个蛋糕的外包装吗？这么精美，这么可爱，这么漂亮！假如我拿去送人一定非常棒，拿到这个礼物的朋友也会非常开心，因为真的设计得非常完美。然后呢？当时我就在朋友圈里面宣传了，第一个时间我的朋友来问我，她说你觉得内衣怎么样？我说穿上的时候非常舒服，而且能穿出我想要的美感。××× 让我非常惊喜。

我跟我的朋友们说：这款产品太神奇了，它居然一天都不会变动，而且它是无钢圈的。在这之后，大家也知道我是一个微商，而且知道我对于选产品是非常谨慎的。我给我的朋友介绍的时候，我一定要对这款产品非常有信心。所以就在上月的时候，我特地去了丹姐的工厂，去参观了她的流水线，去看看我身上的这款内衣是如何做出来的，如何做得如此完美。照片里是我看到的丹姐的工厂，非常干净，非常有秩序，看了都非常欣慰，让我心旷神怡。然后还有其他的也让大家看一眼。大家都知道，现在的文胸很多用的是黑心棉，你解开的时候会发现里面的棉质是黄色的，对身体很不好。为了进一步考察这款内衣的质量，我特地去她们的生产车间查看里面的棉质——非常雪白，那时我就决定这个品牌的内衣我会穿一辈子。

自从我把这个内衣分享给我自己的朋友以后，她们都反馈说：你介绍的这款内衣真的不错，而且价位很合理，穿起来非常舒服。然后我立马给我妈妈又买了两套，我妈妈对内衣的要求还是很高的，因为年纪大了，胸部会下垂，觉得不自信。穿上了 ××× 内衣后，有一天我回到家里，问我妈妈，这个内衣它是无钢圈的，你一直说有钢圈的穿着不舒服，那这个衣服怎么样？我妈妈告诉我说，这个真的非常非常舒服，特别是原料非常柔软，而且最好的就是它真的无钢圈，不会往上滑。所以未来的生活当中，我一定不会再离开 ××× 内衣，一定只选择 ××× 内衣，所以我非常非常感谢丹姐，她让我认识了 ××× 这款内衣，非常开心，谢谢！我的分享到此结束。

刘丹：

谢谢E女士，谢谢你来广州看我，谢谢去工厂见证我这么多年的心血。那接下来的时间我想把话筒交回给我们的师傅，让师傅东遥老师来给我们分享一些更重磅的知识点，好吗？有请东遥老师。

10.4 实战招商——坚决果断自信

东遥老师：

各位晚上好，今天晚上是一次实战的分享，也就是让每一位小伙伴来看到销售的整个过程以及整个细节，其实结果已经出来了，在各位嘉宾分享的过程中，已经有很多伙伴迫不及待地要购买了。当然其中有我没有想到的，就是丹爷她的这场演说，她真的非常关注女性的身体健康，她说了一句话：所有的女人都需要被保护。我也不知道，丹爷竟然能拿出这么有说服力的见证，我只是隐约地听到过丹爷在做内衣之前一直是混娱乐圈的。丹爷身边有这么多的大咖，因为她曾经是专门包装超级男生的经纪人，而这样的一位超级牛人，她用自己的亲身经历、亲身经验以及她自己的一生去践行自己的情怀。之前有人跟我说这生意人不需要有情怀，我把他骂了一顿，我说只有有情怀的人才能做出最好的产品。当然我自己是不卖内衣的，万人迷只推荐、包装这些有梦想、有情怀的伙伴，那么今天晚上呢？我从一开始就被刘丹的故事所感动，再看到了她自己发展工厂，我由感动变成了激动。最后我看到每一位分享者的精彩分享，我甚至激动得有些忘形，因为你们实在是太可爱了。而今天在群里的男人们呢，是补课补到位了，补到多少呢？你可能一辈子都没有机会跟你自己爱人去探讨内衣话题，你可能一辈子都无法了解，你们身边这个女人她到底希望要什么，她需要得到什么。所以今天晚上，男人们全部都赚翻了，也让我笑崩泪了。以后呢，内衣这个话题，包括女性话题呢，我建议，男士禁止入内。刚刚我身边有一位美女说："没事儿呀，男人，听听也无妨。"好吧，那就给我一个台阶下了，今天东遥老师主持卖内衣，对不对？那么，市面上类似的高品质内衣，500 ~ 800 元一件，大家可能不知道的是，××× 今天针对我们的万人迷的同学，直接给出了一个超级不可思议的价格，也就是它给出从工厂直接到消费者的这个价格，它不需要 800 块钱，也不需要 600 块钱，甚至不需要 300 块钱，连 200 块钱都不需要，你只需要花上 199 块钱就可以将这一套优质的内衣带回家。而这套内衣你拿回去之后，你可以穿在自己的身上。或者你是一个老爷们儿，把它当成一个圣诞礼物，送给你自己最亲爱的人，送到她的手中，女人们一定会拥有美好的身材，这么好的效果未来会有超级高的回头率。如果你是一个丈夫，你把这份礼物送到你自己爱人的手中，我相信，她对你的感动绝对这一次是最深的。这就是情怀，刘丹，能够从帮助天下的这些伟大的母亲开始，让她们能够得到最好的关爱，拥有健康的身体，陪伴着自己的宝宝，用我们的双手，不再依靠别人的施舍，让自己的宝宝过得更好。所以她就创办了这个品牌，用她自己的行动向全天下的母亲来证明：一个单身妈妈可以，你也一定可以。我们一起为她见证。

你如果今天没有参加这场招商的实战演习，你可能永远不知道有一个这么真实的励志故事，也不知道为什么她的品牌能够实现这种超级的转介绍。当然，你今天来到这里，你可以听到并且体会到一个单亲妈妈她内心的这种呐喊，她的这种社会责任感，你知道她是怎样执着地在做这一件事情？如果你被她的事迹所感动，如果愿意支持一位万人迷我们的同学，这样一位单身的妈妈的梦想，我建议你一定要体验一次购物的历程。你体验过，你就能够了解 ×××。因为你的购买仅仅是一个开始，而收到 ××× 产品的时候，才是真正打开你心灵的开始。因为已经有很多人找东遥老师要 ××× 内衣送给每一位客户的那封信，因为这才是真正的我们的情怀的开始。我以及我的爱人说，拍什么信啊？买一个回去，这封信不就是你的了吗？你可以看到她整个的营销和服务的流程。一会儿大家扫描这个二维码，你可以看得到 ××× 的所有细节。

市面上的类似品质的内衣大概是 800 元一套，最便宜的也是 500 元钱一套。那么 ××× 针对万人迷的同学，今天砍掉了层层代理的流程。万人迷的同学仅仅需要 199 元钱一套，而万人迷呢，将会凭这一次的购买，在未来一直享受这样一个价格，199 元钱。有些女孩子，一套内衣穿上半年、一年，我建议大家真的把丹爷的这个建议能够听进去，因为一套内衣真的只能穿 3 个月。3 个月，相当于是 90 天。你为自己的健康，一天仅仅只花不到两块钱，但是却能够让你拥有最健康的身体和身材，这才是女性健康的根本。199 元钱，可能对我们来说，买一个包包都不够，请一次吃饭也不够，买一件衣服也不够。但是，它能够帮我们体验一次移动互联网最新型的营销。可以通过一次尝试，换来我们对女性健康的重视。这一次尝试，也是你对一个事业女性的支持，一个单亲妈妈的支持。

如果你希望比任何时候都有这种超高的回头率，如果你希望你能够1秒钟拥有这种魔鬼的身材，如果你希望你能够有一次极致的购物体验，如果你希望有一个健康的人生，且这个人生陪伴你一辈子，我建议为最伟大的母亲加油，建议你立刻下单。而在今天，马上下单，你还获得一个超级的礼物，它是由××××送给大家。那就是价值300元钱的瘦腿袜。所以女士赶紧扫码买给自己，买给母亲，买给孩子；男士马上扫码购买送给你的爱人，这是一份爱的圣诞礼物。今天能够买到，圣诞节就能够到你的家。而它将会伴随着你，伴随着你的爱人幸福地过上一辈子，而你也能够成为丹爷的好伙伴。你在这刻开始，已经成为×××的客户，你就是上帝，她一定会好好地对待你。下面呢，我把这个×××客服的微信号码推荐给大家。这是×××客服的微信号，大家可以来添加一下。然后呢，当你购买成功，客服将会拉你进入×××粉丝群，我们一起做一个幸福的女人、幸福的母亲。建议大家先扫描二维码成为×××的朋友以及客户。下单之后你会得到很多的惊喜，也只有今天你才能够得到价值300元钱的瘦腿袜以及价值599的×××内衣一套。有月光蓝，有黑色，还有圣诞大礼的红色，加起来价值超过900元钱，今天只需要199元钱你就可以拥有。

刘丹：

非常非常感谢大家今天晚上的全程参与，来听我们分享这个案例，非常感谢大家。×××是内衣的品牌，也是我女儿的名字，这是我要送给女儿18岁成人礼的礼物。我一直用爱女儿的这份心来做自己的产品，我用爱女儿的心来要求我自己的产品。因为这个，我不仅希望它是一个商品用来销售，我更希望它是一份礼物，让每一个收到这份礼物的人都会有些许的感动，大家再把这份感动分享给身边的某一个人。某一天某个人因为某一个分享而改变，这就是我一直以来最大的愿望。再次感谢大家，依然一定会做出更多、更好、更精致的东西来呈现给大家。第一是感恩，第二是回报。××× 内衣依然还很小，以后的路还很长很长，等到女儿 18 岁我把这个接力棒交到她手上的时候，我希望呈现出来的是最完美的。××× 以后要走的路会一直坚持环保、健康。祝大家晚安。这款内衣我们建议大家使用的寿命是 3 个月，就要每 3 个月更换一次，因为内衣在洗涤的时候最脏的是水，水里面会有一些褪下来的污渍，它可能会附着到内衣里面，长时间再穿在身上的话，胸部呼吸主要是靠乳头，胸部反吸收回去的时候就会造成一系列的问题了。比如说乳腺增生、乳腺管的堵塞、淋巴位的堵塞等这些问题都会存在。所以我建议大家像换牙刷一样，3 个月就要更换一下自己的内衣。

10.5 细节剖析——为什么这么做能成交

东遥老师：

各位伙伴，我一直跟大家分享 6 个字：知其阳，守其阴。意思是让大家看表面，悟背后。外行看热闹，内行看门道！

今天晚上的分享我们策划了半个月，其中的环节我现在毫无保留地分享给大家，价值百万！

因为这是一套成交系统，并且是一套万能成交系统！你的产品这样卖，也可以达到火爆效果。

第一，准备过程中，你的目标客户群体非常重要。大家可以看到，我们使用的是万人迷内部爆破，在场的近 500 人中，有近 300 人是万人迷的伙伴，这一批是我们的天使，大家在一个社群，就算支持一下，也会有很多的客户。并且一个社群是会有相互的信任转嫁的。

第二，采用明星代言，这个明星是东遥老师自己，分享的内容也对大家有价值。所以，我们选择的是招商这个话题。另外，目标客户群体也是申请制汇集来的，并不是乱拉的，这样的客户群价值才会更高。

第三，群管的作用很大，发挥了这样几点作用：其一，身份审核；其二，群规则发布；其三，倒计时聚集人群注意力；其四，准点爆破。

第四，整个场面的控制，这些做了严格的估算，我为大家分享细节：

（1）主持人文字介绍徐东遥上场：8:00—8:03。

（2）徐东遥介绍本次分享会及塑造刘丹：8:03—8:10。

关于第（2）点，运用了万人迷课程第二课“个人品牌塑造”中的内容，大家有没有感觉到？人物如何塑造？数字，结果，先讲结果，再讲他是如何改变的！

（3）刘丹个人分享品牌故事、梦想与使命（融入图文，包括工厂、办公室、牛人合影、牛人见证等强大的见证图）：8:10—8:20。

这是前天为大家分享的 60 秒成交术中，信赖感建立的 10 种方法中的几种，也是万人迷第二堂课中的“梦想与使命的个人品牌塑造”内容。

（4）5 位见证人（语音、见证图片）：8:21—8:30。

有句话说得好，自己说牛，不叫牛，别人说牛，才是真牛！即使是你的场子，依然要有别人为你说话。大家觉得今天这 5 位见证嘉宾分享的水平怎么样？她们都是专业级别的见证者，她们的分享，每句话都是销售，没有一句假话，也没有一句多余的话，字字扎入人心。她们的分享我只给了一个要求：从地狱到天堂，那种画面感，把你带到她们的世界，再把你带上梦想的天堂。

所以我一直告诉大家：会说话，就会赚钱。说话不仅仅是一门艺术，更是一门科学，可以营造那种地狱到天堂的落差与冲击力，不仅仅如此，有没有在中间发现一些细节？她们描述得多么真实有趣，对比是多么鲜明，比喻是那么贴切，图片是那么真实，数字是那么清晰。这是 60 秒成交术中非常重要的一节——产品描述。

（5）东遥老师销售：8:31—8:40。

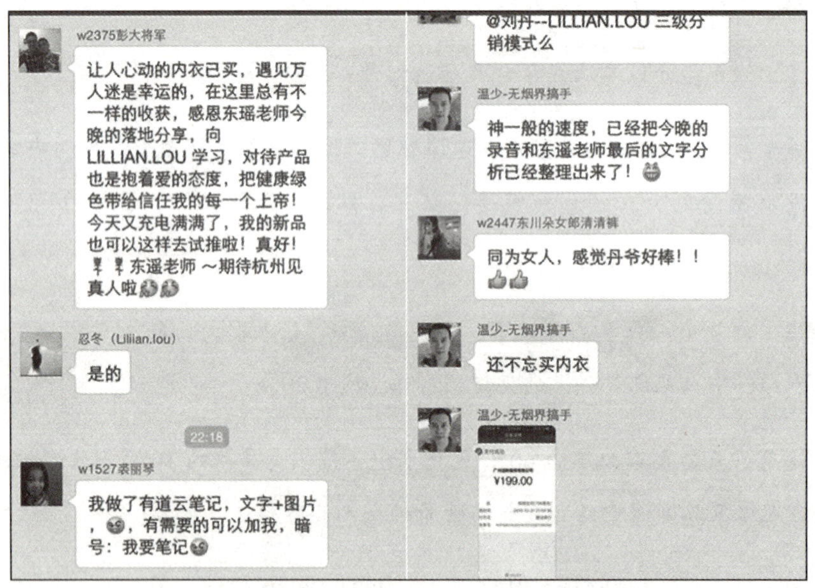

男人长见识，男人不要来，听着好玩，这些都是经过设计的语言，谁说男人不会买内衣呢？大家有看到，今天晚上在线的男士基本上都买了内衣。除了 10 种塑造产品的方法，理性、感性、神性的三维立体塑造，也是 60 秒成交术的精髓，产品塑造后就是激发客户需求，一连串的“你希望，你希望，你希望”，解决价格问题，价格对比，价格分解，价值置换，暗示成交，送礼成交，一气呵成！

（6）推荐客服微信名片。锁定准客户，方便后期转化。

（7）下订单的伙伴在群里把订购成功的截图发布出来。给左右徘徊的伙伴加强信心。

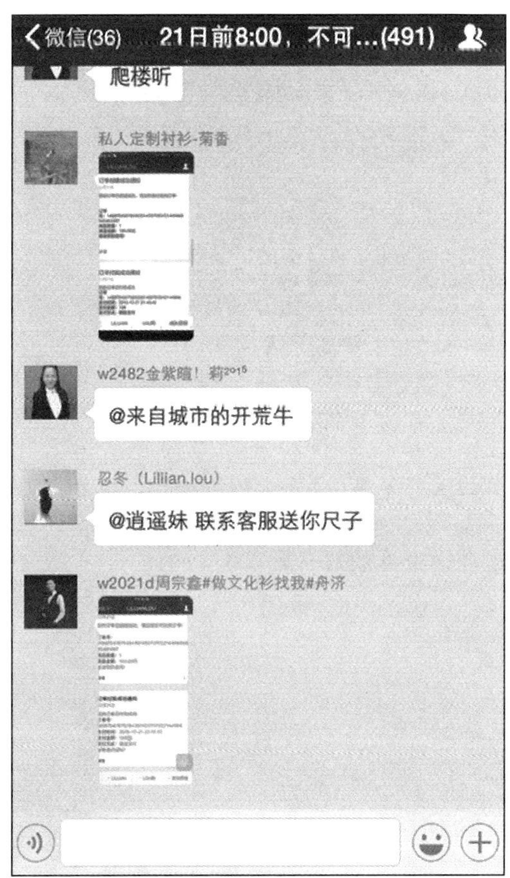

（8）东遥老师最后总结，提供更多的利他价值。

这就是今天晚上的实战分享，1.5 小时的每一个细节。

希望大家一起度过一个美妙的夜晚。

后记

贵在练习

曾经，我看到那些舞台上的分享嘉宾，举手投足那么帅气，开口讲话就有掌声，还没讲完就有人要刷卡埋单，下台就有鲜花，无数人争抢着与他合影。我认为，他们太了不起了，我要是能成为这样的人，该有多好，要3年，5年，还是10年？

最后我发现，只需要一念！只要我们愿意张开嘴巴，只要我们不怕丢脸，只要我们克服恐惧，美好的事情就会随之而来。

这一念，让我从此打开财富的大门，因为，只要我讲，不论讲得如何，总会有人听，总会有人信，总会有人付费。

有人说，老师，我不敢开口。我说，你张开嘴就开口了。

有人说，老师，我不敢做。我说，你做一次就不会再怕了。

有人说，老师，我不会讲课。我说，你讲一次就会了。

事情真的就这么简单。

我练习演说的初期，水平差到极致，但我还是一次又一次坚持着演说，越到后面，步子越快，越到后面越精彩。真正的演说，没有最好，只有更好。我们要与自己比拼，我们要自问：我练了多久，我练了多少次？

当你第一次分享，就有人认同你，你会坚持分享吗？当你第一次分享，有人为你付费买产品后，你会继续坚持吗？你能把这件本来能创造认同和效益的事情重复地做下去吗？

演说，是这个世界上最好的成交方式，贵在练习！

如果你已经学会了飞，就千万不要再慢慢地走回去……

如果你缺乏分享与培训中的主题，不要着急，《我是微商 4》再见……

徐东遥

2016 年 3 月

推荐阅读

“微商”系列图书：为各个阶段、各种形式的微商提供最佳指导方案

推荐阅读

我是微商：月入50万微商修炼笔记

作者：徐东遥 ISBN：978-7-111-50031-5 定价：49.00元

万人迷微商导师、音媒体第一人首次分享自己成长和成功的经历

本书是超级畅销书书，书中从人性出发，道与术结合，从创业思路、品牌打造、信任培养、吸粉、营销、内容、团队、社群、自我学习等9个方面系统总结了微商必备的方法和经验，为所有想做微商和刚开始做微商的小伙伴们提供了一套系统的方法和大量罕见的技巧。

我是微商2：21天逆天文案修炼笔记

作者：流年小筑 徐东遥 ISBN：978-7-111-52097-9 定价：59.00元

内部真实培训课程，只需21天，帮文案“小白”逆袭微商达人

本书从微信的实质出发，顺乎人性，结合营销思维，整合了一套适用于微信朋友圈营销的文案写作方法和技巧。各类文案已经完全公式化，形成了可直接套用的模板，文案小白可轻松掌握、落地执行。本书是一套人人均可复制的文案写作培训体系，也是一套人人均可打造自明星、自品牌的文案写作应用体系。